助初任教师轻松上路　促一线教师专业成长

初任教师·教学基本功

课堂观察、参与和反思

有效教学决策

学生课堂行为管理

教会学生思考

教会学生创造

教会学生探究

……

初任教师·教学基本功

WHY ARE SCHOOL BUSES ALWAYS YELLOW？

教会学生探究

［美］约翰·巴雷尔　著　　姚相全　译

教育科学出版社
·北京·

作者简介

约翰·巴雷尔是一个探险家。当他 13 岁时，他第一次阅读了理查德·伯德上将的《小亚美利加》。从此，他就成了一个探险者。书中那些无畏的探险者们于 1928 年在南极罗斯冰架上的故事使他产生了许多疑问。于是，他写信给伯德上将。伯德上将不仅给他写了 4 封回信，邀请他见面交流，还鼓励他去南极探险。在 1963—1964 年间，他乘坐伯德上将的冰河号军舰去南极探险，并在"速冻行动"（Operation Deep Freeze）期间担任营运总监。

后来，巴雷尔成了一名教育工作者。他的教育对象是生活在纽约市非传统环境下的青年学生和蒙特克莱尔州立大学的学生。他已发表的成果就反映了他试图鼓励学生和教师去冒险，将自己置于复杂的问题情境中，不断地去探究、去解决问题，发展批判性思维。去南极探险曾经只是一个年轻读者的梦，现在却已经成了所有教育冒险的隐喻了。

巴雷尔现在是蒙特克莱尔州立大学的名誉教授。在 2000—2006 年间，他在纽约市的美国自然历史博物馆中担任顾问，主要工作是帮助教师和学生，让他们对地球和太空的奇观产生好奇及探究之心。

他近期主要研究如何在家庭、学校、工作场所及民主社会中建构探究型社区，这是他在《培养一颗更好奇的心》一书中所提出来的问题。

约翰·巴雷尔近期著作主要有《以问题为中心的学习：一种探究性学习方法》（2007 年）、回忆录《南极探险：一次充满奇迹和发现的旅程》（2007 年）、小说《幸存的厄瑞波斯：南极探险》（2007 年）、《培养一颗更好奇的心》（2003 年）。如果你要联系作者，请发邮件至 jbarell@ nyc. rr. com，或登录 www. morecuriousminds. com。

序

有一次，一群小学三年级的孩子来到纽约市的美国自然历史博物馆。那时，我还是这个博物馆的顾问，负责接待这群孩子。我带着这些小学生去了博物馆的各个展厅，让他们仔细参观和了解恐龙、蝴蝶和海洋生物。

我还记得与其中的两个学生坐在一个大保护套前，保护套里是一具霸王龙化石。我们仔细地观察霸王龙锋利的牙齿、身体的颜色和纹理及其头部的大洞。一个小女孩突然问道："为什么这只恐龙没有眼睛呢？"这引发了学生们讨论骨头、皮肤和软组织这三者之间的差异。我们发现身体的坚硬部分随着时间的流逝形成了化石，但是眼睛和皮肤等是不能变成化石的。

最后，我们参观了米尔斯坦展厅的海洋生物。这个大厅里展示了 8 种生态龛位🐭中的不同海洋生物及其各自面临的危险。

当我们在博物馆里观看一段讲述嬉戏中的巨型驼背鲸、海豚、黄貂鱼等海洋生物的影片时，电影的讲解员向我们解释了海洋中生命的起源："大约 35 亿年前，海洋孕育了地球上最早的生命。如今，不管你住在哪里，海洋都影响和维系着你和你周围的生命。"

影片向我们呈现了这样的画面：在巨大的荧屏上，海水一浪接一浪，许多鲸鱼也跃身而起。安吉里卡跑到我的面前，问了我一大堆问题。她多次努力澄清自己的意思，最后她问道："鱼的生命是如何开始的？"

我告诉她这个问题很有意思，又问她对这个问题是怎么想的，然后建议她回到学校后和我们一起去寻找这个问题的答案。

安吉里卡的问题至今仍停留在我的脑海里，因为这个问题的产生完全是自发的，它源于安吉里卡对电影中的画面与讲解的好奇，因为它促使安吉里卡开

🐭 生态龛位（ecological niche）是指一个物种所处的环境以及其本身的生活习性的总称。——译者注

始思考生命的起源。我至今也不知道她那时是如何理解"35亿年"这个时间概念的，因为我那时并没有问她。我认为，不论对她还是对我，这都是一个很难掌握的概念。

在担任美国自然历史博物馆的顾问期间，从诸如"鱼的生命是如何开始的"等问题出发，我与像安吉里卡那样的孩子开始了一段漫长而又激动人心的探索旅程。安吉里卡和她的同学都踏上了探索自然世界和人类经验的迷人旅程。这本书也包含了大量的探寻与发现，它们和安吉里卡的探寻一样出色。

我希望沿着书中那些教师与学生的故事，你也能够有自己的问题和发现。

诗人坦尼森曾观察到，年老的尤利西斯在生命的后期渴望有更多的挑战：

> "全部的经验也只是一座拱门，
> 尚未游历的世界在门外闪闪发光，
> 随着我一步一步地前进，
> 它的边界也不断向后退让。
> 最单调最沉闷的是停留，是终止，
> 是蒙尘生锈而不在使用中发亮！"
> ……
> 来呀，朋友们，探寻更新的世界！
> 现在尚为时不晚。开船吧！
> 坐成排，划破这喧哗的海浪，
> 我决心驶向日落的彼方，
> 超越西方星斗的沐浴，
> 至死方休……

其实，我们都是生活在辽阔的海洋上的水手，不断地探寻着那些吸引和改变着我们的新世界。

目 录

在学校教育中探究是什么？

某一天下午，在新泽西州北蒙特克莱尔布拉德福德学园佩格·莫雷任教的三年级班里，我看见几个学生坐在他们的座位上，组成了一个五人小组。其中一个名叫凯文的小男孩问道："为什么校车都是黄颜色的呢？"

那时，我坐在后面，观察着他和几个同学好奇的样子。为什么所有的校车都被喷成了黄颜色呢？我不知道，其他人也不知道。但是，他们很快就想出了一些原因，比如色彩的偏爱、为能让人在黑暗中看见校车，等等。

为了了解佩格的学生会问哪些问题，我和他用各种主题和方法进行了实验。凯文的问题就是我们那时正在进行的探究项目的一部分。

凯文和他的同学想出了如何找到问题的答案——他们打电话请教蒙特克莱尔公立学校的交通运输主任。我永远不会忘记他是如何找到他的问题的答案的。凯文坐在校长的棕色大皮椅上，睁大眼睛听着交通运输主任讲述在 20 世纪 30 年代公交车公司是如何发现黄色是最好的颜色的。

在分享他获得的新信息时，凯文看了看那大的皮椅子说道："他们进行了投票。一些人喜欢棕色，一些人喜欢别的颜色，但是大多数人喜欢黄色。"这就是他理解的交通运输主任告诉他的关于颜色的测试。这些测试表明，出于安全的考虑，黄色是校车最好的颜色。

我之所以在本书的开头就讲述这个故事，是因为凯文向我介绍了孩子们感到好奇的那些问题。在上面的故事中，凯文所提出的问题是我之前从未思考过的。一个三年级的学生的质疑被我们成人视为理所当然的现象——学校校车的颜色。他对我们大家都接受了的一个事实产生了好奇。这就在我们这个小的探究圈子里引发了一次鼓舞人心的探险，给我们带来了新的知识。

佩格和我那时正在探索如何让学生对校园生活的各方面进行发问。这些问

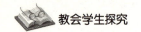

题不都必然是某个课程单元的一部分。

这个故事发生在十五年前，但至今它在我的脑海里仍然栩栩如生，因为凯文带着他明亮的双眼和微微的笑容，坐在校长的棕色大椅子上找到了他问题的答案。

凯文的故事恰能说明我们在好几个小学里都将要碰到的主题（即如下所列）。在这几个小学里，我们见到了那些鼓励学生发问的教师。

- 学生喜欢发问。
- 这些问题有时源于孩子们对事物的陌生与好奇，比如："我们学校所有的校车看着都一样。这是为什么呢？"
- 他们知道如何找到答案。
- 与同伴合作通常有助于探究。
- 为自己的问题寻找答案令人兴奋。
- 教师在发动、促进和组织探究活动等方面至关重要。
- 只要我们提供机会，所有学生，不论年级、班级、兴趣和能力上的差异，都能提出很好的问题。

在和不同的教师接触的过程中，我们都会碰到这些主题。这些教师的工作向我们展现了他们是如何在课堂中培养学生的探究精神的。

我首先想说的是，我最感兴趣的是如何帮助学生针对他们所学习的内容提出有意义的问题。在多种探究方法里，我们教师都要提出全部或大部分的重要问题。这非常重要，因为我们的学生们主要是从教师、父母及其他人身上学习如何提出好的问题的。在第 5 章里，我们将会学习一系列的探究方法，同时也会勾勒出一幅控制图谱，以确定什么时候由教师提问，什么时候要由教师与学生协商提问，什么时候学生可以或多或少地自由提问。

但是，在本书里，我把重心放在如何激发学生提出高层次的问题上。我们教育界的人士已经花了二三十年的时间学习如何向学生提出高层次的问题，也发现这类问题的确会对学生的学业成绩产生影响（Redfield & Rousseau, 1981）。因此，现在我愿意鼓励学生学会提高层次的问题，从而为自己的学习承担更多的责任。

现在我来介绍几位教师。这些教师都是我在听了凯文的问题后认识的。

幼 儿 园

黛拉的幼儿园位于加拿大阿尔伯塔省埃德蒙顿市的乔治·尼克尔森学校。我来到这个幼儿园，看到了那些处于兴奋状态中的学生。在这里我给孩子示范如何提出和回答一个好的问题。他们围成圈坐在教室前的小地毯上。一些孩子的父母围坐在孩子们的圈外。

我们的主题是恐龙。我为他们准备了一些图片。这些图片都来自纽约市的美国自然历史博物馆，图片里有霸王龙和其他的恐龙。我向孩子们展示了这些图片，然后问他们有没有关于恐龙的疑问。

所有的学生立马就骚动了起来，问道：

"恐龙有多大？"

"它们生活在什么时候？"

"它们与长腿叔叔有什么不同？"

在这些孩子中我没有听到要讲故事的，这与我过去对孩子的认识有所不同。在此之前，我与一些幼儿园教师合作了好几年，经常听说这个年龄阶段的孩子喜欢讲故事。如果消防员来问他们有什么问题没有，莎莉可能会讲述她参观消防站，看见了红卡车和一只坐在红卡车上的小狗。

但是，黛拉从上一年的九月初时就已经做出了一些改变：她向学生示范如何提出好的问题。

她用诸如"我好奇为什么……"等关键词来鼓励她的学生去思考他们想进一步了解的东西。因此，到我来前的那个五月里，她的学生已经知道了如何提出好的问题。我确信他们的父母对孩子们所提出的问题感到吃惊。

这个故事也说明了好的物件和图片对激发学生的想象力所产生的力量。我有各种恐龙的图片，其中一些恐龙是他们从来没有见过的。因此，他们被这些新颖的图片迷住了。我们将要在接下来的几章讲述这个主题，即那些能够培养好奇心和探究品质的事物对观察者来说通常具有新颖性和复杂性，会给观察者带来困惑。

这个故事也很明显地说明了另一个主题，即通过观察自然与人类的互动，我们的情感也卷入进来了。这对我们的健康很有好处。这点已经为哈佛大学的

　　　埃德蒙顿市是加拿大阿尔伯塔省省会，加拿大第五大城市。——译者注

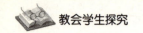

研究者兰格（Langer, 2007）所证明。

在后来的一次偶然谈话中，黛拉告诉我，她与学生讨论了恐龙和人类其实生活在不同的时代这一事实。对于这一事实，莎蒂迫不及待地想做出回应：

莎蒂说："如果恐龙在人类产生之前就灭绝了，那么人类就不可能亲历恐龙的灭绝，也不知道那时发生了什么。为了了解恐龙，人类不得不观察它们的骨头。"

布伦南说："恐龙怎么能够生活在人类产生之前呢？如果只有人能生出人，那么第一个人是如何产生的呢？"

莎蒂的推理过程让我感到吃惊。她已经意识到我们有关恐龙的知识一定源于我们对已发现的恐龙化石的分析。我不确定我是否理解了布伦南的反驳。但是，我敢肯定的是，黛拉已经教会了这些幼儿园儿童以最佳的思维状态来回应他人的观点。

小学二年级

黛拉的教室下面就是杰西·麦基的教室。那时，她正在教授一个学习时间为两个月的地理单元，主要是将阿尔伯塔的埃德蒙顿与墨西哥和日本进行比较。杰西和她的学生们已经学习了这三个国家的气候，并且每天都绘制这三个国家的天气图，讨论它们之间的不同。每天都会有一个小组被指定来研究这三个国家的天气。

在一封邮件里，杰西写道：

"学生们4—5人一组，随意提出有关这三个国家的问题。每个小组都被指定专门提出家庭、饮食、工作、学校、娱乐、语言、环境等某一方面的问题。我们观察他们所提出的问题，并把它们标记在一个能够分清主次的问题矩阵图中。"

标记下问题后，学生们依据矩阵中的主干问题来设计更好的问题。

下面就是学生们花时间思考了的两个问题：

麦肯兹："如果墨西哥的气候突然变得与加拿大的气候一样，那里可能发生什么？"

艾里克："那么多人住在墨西哥城这个地方，这会对环境产生什么影响呢？"

杰西告诉我她的学生们将这两个问题进一步发展，让它们变得更加复杂。

麦肯兹起初的问题是"如果墨西哥城变成了一块冰地，那里可能发生什么？"在一阵哄笑中，我与全班分享了这个问题后，我问学生们墨西哥城如何才能变成一块冰地，同学们说肯定是气候变了。然后，我问他们是否能够以另一种方式提问，以使问题变得更加清晰。其结果就是你前面所看见的第一个问题。有趣的是这个问题是在他们玩的时候产生的。

令我感兴趣的是作为一个班集体，他们似乎认定不同国家的人们会以不同的方式满足自己的需要、住房、饮食、工作、上学，因为这都依赖于环境。也正是通过这种方式，他们似乎建构起了自己的知识。当然，我也不确定他们是否能真的说清楚这一点。

杰西和她的学生会花时间来找诸如此类问题的答案：

一些学生相信他们能够回答其他学生写下的问题。学生们有时会在问题答案的正确性上争论。（我们上几周一直在"你是怎么知道"、"你有什么证据"等问题的指导下开展探究活动。这些问题都是来自你的《培养一颗更好奇的心》一书。）我们讨论了如何才能找到问题的答案……如果我们不能找到证据呢？我们的假设足够吗？

在讨论的过程中，我们使用了你所建议的主干句：我同意_____，同时还要补充_____；我不同意_____，因为_____。

在探究过程中，他们发现来自网络的信息大多都超出了他们的理解水平。这对杰西和她的同事来说是一个问题。

杰西和我之所以开始通信讨论这个地理单元的教学，是因为在我参观她的学校时，她的问题是："我们要如何帮助学生，才能让他们提出更深刻、更有哲理的问题？"随后，她给出了这个问题的答案：

在麦肯兹问题的案例中，学生们的表现让我相信一个好的问题是集体共同努力的结果，是大家在活动中讨论的结果。

回顾与反思

在杰西的地理单元教学中，你发现了哪些主题和观点？下面是一些我们可能会想到的主题：

● 年龄很小的学生在学习过程中也能够提出复杂、有趣、有挑战性的问题。比如，进行对比和比较、设想可能的后果。如果给他们更多时间，在教师的帮助和指导下，他们会提出更好的问题。

● 好的问题一般源于对数据和信息的分析。在杰西的案例中就是指三个国家的气温差异。这些气温数据一定显示了某种巨大的差异，比如说，埃德蒙顿和墨西哥城之间的气温差异。这些差异被发展心理学家称之为"不一致"

（Copple et al，1984）。它们会让人体验到冲突，比如"加拿大此时已经结冰了，为什么在下面的墨西哥却没有呢？"

- 为了修正、扩充和阐明自己的问题，学生们能够将自己的问题与一个问题体系联系起来。

- 这个年龄阶段的孩子知道什么问题是无意义的，并能够进一步完善它。

- 有时候好的问题通常是在玩的过程中产生的，是我们在玩味我们所学习的事物时产生的，也就是爱因斯坦所说的"游戏和思想的组合"。这一点我们可以在麦肯兹的提问上发现。

- 二年级的学生可以两个月专注在一个主题上，只要他们对它感兴趣。需要注意的是，这个单元包括了这些孩子的家乡——埃德蒙顿。

- 低年级的儿童能够反思自己的经验，以确定他们的问题起源于何处。

我对杰西所教的那些二年级学生的印象很深刻。他们让我们相信这个年龄阶段的学生是具备提出切中主题的好问题的潜力的。

小学三四年级

纽约市的第十一社区小学在我所住的曼哈顿的北边。如果要去那儿，你可以乘地铁 6 号线，经过洋基体育馆，在 172 号街下，出地铁后乘 11 路公交，就可以到了。这个学校科学组的协调员罗宾·安德森向我介绍了海蒂·尼斯尔和玛德琳·科隆这两位优秀的教师。

玛德琳是一个天文学业余爱好者。几年前，她从城市大学毕业时，她的父母送给她一个小望远镜。她告诉我她是如何给学生机会，让他们观察行星的。当我来到她的课堂时，我告诉她的学生我在美国自然历史博物馆的海登天文馆工作。他们问了有关太阳和行星的各类问题，比如："你可以离太阳多近？"

> 行星有可能自旋出太阳系吗？

一些学生提的问题很复杂，我对此感到很惊讶，尤其是那个行星自旋出太阳系的问题，因为我此前从未对这个问题感兴趣。我以前一直认为行星都在固定的椭圆轨道上进行周期性地运转！☞

☞ 有趣的是在这个月海登天文馆的主任尼尔·格拉斯·泰森就这个问题在《博物志》杂志上发表了一篇文章。

通过展示有关行星、星系和不同类型的新星（比如气态云、大质量超级恒星）的各种图片，玛德琳已经向孩子们介绍了她的探究单元。从这些图片上，学生们提出了两页纸的问题。接着，他们对这些问题进行分类排序，以便为下一步的探究做好准备。他们有幸能够参观海登天文馆。这些参观解决了他们的一些问题。同时，他们也在参观的过程中提出了更多的问题。

海蒂也打算开发出一个有关天文学的探究单元。在交谈中，她们认为，如果玛德琳所教的四年级学生能够为三年级学生示范，告诉三年级的学生他们都在干什么，都提出了哪些问题，准备去海登天文馆干什么，那么这一定是一个不错的点子。

最后，海蒂的学生在文学—科学的探究单元里形成了自己的问题。海蒂用天文学的内容鼓励学生写作，同时也鼓励他们在网上搜索信息。

海蒂的探究单元的一个重要的元素就是她将语言的学习与调查研究相结合。"在接下来的几周里，学生学会了如何运用课堂内外的各种非小说类的资源。在这些小课里，我们的学习内容包括如何区分事实和观点，如何改写和做总结，如何根据上下文情境确定不认识的单词的意思，如何避免剽窃。"

令我惊讶的是，在文学—科学这一探究单元中，海蒂竟然能够让三年级的学生弄清事实与观点的区别，理解剽窃的性质。我接触过一些高中生，他们都认为，从网上下载信息，然后自己再根据这些信息加一点引言和结论是完全合理的。海蒂很早就告诉学生运用自己的语言的必要性。后来，我也了解到纽约州的课程标准鼓励教师尽早将这些技能教给学生。

作为一名教师，我们必须学会如何有效地运用学生的问题，以保证他们在一个结构良好的学习单元里有时间和机会去获取信息，进而得到合理的结论，寻找到问题的答案。

海蒂和玛德琳的探究单元还给我们提供了更多的启示：

- 我们可以把学科知识整合到精心组织的探究单元中。每个探究单元都包括了学生的问题、探究过程和答案。

- 我们能够也应该告诉学生，在我们通过各种途径获得的资源中哪些信息是有效的。我们需尽早学习运用批判性思维来判定各种论断，不管它们是来自网络和书本，还是成人的言论。

回顾与反思

你在玛德琳和海蒂的探究单元里还发现了些什么？

注意到什么能够培养好奇心总是很重要。在这个案例中，就是指那些迷人且陌生的图片。你可以访问 www. google. com/images、www. ask. com、http://antwrp. gsfc. nada. gov/apod/archivepix. html 等网站来寻找这种类型的图片。

我无法想象会有学生、儿童、青少年和成人对"勇气号"和"机遇号"这两个火星探测器拍摄的图片不好奇。这两个探测器是为了搜集证据，以确定火星上现在或过去是否有水。到我写这本书时，它们漫游的时间已经超过 1000 天了。你可以登录康奈尔大学的实验室网站浏览这些令人振奋的图片。这些图片不仅可以激发学生对行星、太阳系和宇宙的兴趣，还能够让他们对美国国家航空航天局（NASA）的技术、对自然世界和对成为一名科学家感兴趣。下面就是他们的网址：http://pancam. astro. cornell. edu 或 http://marsrovers. jpl. nasa. gov。康奈尔大学的网站上有最好的图片，喷气推进实验室（JPL）的网站上有与火星探险相关的游戏。

这两位教师的学生的学习成果值得关注。这些成果包括用图片装饰的海报、原创的作文和个人所画的图解。

五 年 级

坐落在查特诺加市南部的博物馆磁石学校✍是一个学习和探究的好地方。在拜访这所学校期间，我有幸参观了这里的好几个博物馆，它们都离学校很近。

在为期九周的单元学习中，所有年级的学生都要参与探究活动。每个单元的学习活动包含了两部分，即在学校的活动和在博物馆的活动。

在此期间，我了解到的最有意思的活动项目是在罗宾·凯西的五年级课堂里。她通过邮件向我们讲述了她的故事：

我在博物馆磁石学校教五年级。在我们去年学习"二战"时，我们确实在提问策略方面取得了很大的成功。我的学生一开始就用一个神奇的袋子来练习使用探究性学习，并获得了巨大的成功。其关键就是让学生质疑，让他们意识到简单回答对错是不够的。第一步就是让学生们提出具体的问题，同时让他们倾听同伴的问题和答案。接着，我们练习相互采访，以提出高质量的采访问题。我们甚至还与学校其他五年级的学生合作，相互采访，这促使我的学生写有关他们朋友的故事。我们甚至还将文字配上了一些照片。他们以一种更深入的方

✍ 磁石学校（Magnet School）是指以自身独特的设施和特色课程吸引本学区或本学区外学生的学校。——译者注

式了解了他人的生活。为此，他们感到很有趣。

这种初步的体验为她的学生在小区内运用他们提问的能力做好了准备。他们采访了小区里的那些曾生活在"二战"时期的老人。

学生们设计自己的采访问题，分配采访小组成员的角色，他们的采访对话也被录像了，学生们与这些被采访者合影。我们从每次采访中抽取一段富有力量的引文。在我们展出成果的那个晚上，这些合影和引文都被展示了出来，采访录像也一直在播放。

从"神奇的袋子"的经历中（见第3章），学生们了解了封闭式问题和开放式问题的区别。他们在自己班内练习，同时也与五年级其他班的学生练习。然后，他们采访了那些经历过"二战"，现在生活在查特诺加的人，其中一些是退伍老兵，还有一些是普通百姓。

在采访期间，学生们询问他们在"二战"时期的生活状况、家族的历史、战争期间扮演的角色、战争期间印象最深刻的事情。一些受访的人还给学生们带来了素材。一个矮小、温和的老奶奶"二战"时在空军部队训练飞行员。她带来了她身穿制服的照片。一个妇女后来还得了一块奥林匹克运动会游泳项目的奖牌。

罗宾继续讲述她那扣人心弦的故事，这种经历你在其他班级是碰不到的。

到目前为止，最难忘的经历是一个年老耳聋的绅士向采访他的小组讲述了在一场战役中发生的一个很恐怖的故事。在这场战役中，他躲进了一间破旧的仓库，勉强躲过了战役。在这间仓库里，他发现了一面纳粹小旗。他将这面旗帜带到了博物馆磁石学校。这可是一面真正的纳粹旗帜！在小组采访他时，班级的其他成员正在科学实验室。当小组采访完后，他被引到实验室向我们展示这面旗帜。他走进实验室，手里拿着旗帜，向我们讲述了他的故事。实验室里很安静，学生们被他的故事吸引了。

> "当我发现历史走进了我们的科学实验室时，眼泪就顺着脸颊流下来了！"

在听完这位绅士向这些充满好奇心的孩子讲述了这个英雄故事后，大家都潸然泪下。想象一下，在这个教室里的学生会有怎样的感受，学生将会对他们的小区产生何种情感，会对他们的小区在参与人类历史上最伟大的反法西斯战争的贡献上产生何种不可磨灭的印象。

回顾与反思

你在罗宾的学习单元中观察到了什么？你的观察可能如下：

- 同伴提问和反思是很有好处的。
- 学生们可以在课外进行调查研究。
- 学生在进行探究时带给我们的惊喜可以让我们震惊。
- 学生能够熟练掌握提出不同类型和不同层次的问题的技能。

罗宾给我展示了比较复杂的探究模型。这个模型展示了如何让学生提出问题、研究问题、报告问题及答案。令罗宾和她的学生们感兴趣的是他们能够参与真实的调查，了解他们社区中的真实故事。

我敢确定，当那些坐在实验室里的学生在高中和大学学习"二战"的历史时，他们永远不会忘记他们所见过的那面纳粹旗帜。

"漫谈"

在上面的这些小故事中，不太明显的可能是学生们在不同的情境下表现出的好奇心有所不同。

在幼儿园的班上，我们是坐在地板上通过图片来讨论恐龙的。在与其他低年级的小学生一起时，我采用同样的方式。我坐在地毯上，与他们讨论一本图画书，比如说南极的企鹅。在这种情景下，孩子们会以不同的方式来表达自己的疑惑。他们指着图片，开始出声地思考："企鹅的身上有不同的颜色……我想知道为什么……你手臂上有毛（当时我把自己的衣袖卷着的）……为什么呢？你觉得企鹅的头上有毛吗？"

林德弗斯（Lindfors，1999）发现了儿童在非正式讨论中表达困惑的其他方式：

"那儿有一个公园，我想问……"

"我试着想出……"

"这就是我没有理解的……"

"我过去以为它是……"

"我想知道为什么……"

"可能……也许……"

换句话说，儿童（在林德弗斯的研究中一些儿童才3岁）在表达他们的困惑时不会用直接问句，比如"为什么企鹅走路很滑稽"，而是用不太正式的语言。本书的一个匿名书评者把这种表达方式称为"漫谈"。我要感谢他/她。他/她让我用开放的视角去看我眼前正在发生的一切。

　　在其他的案例中，教师让学生先热身。这些热身运动包含了"预设场景"或预习，其中包括有趣的经历、图片及其他的媒介，其目的是唤醒学生过去的经验，点燃他们的兴趣，鼓励他们参与进来，激发他们的好奇心。然后，教师就直接问学生："现在你真的想知道企鹅/地方文化/太阳系……的什么？"这种引出问题的方式更正式，也是我与儿童、青少年和成人接触时比较熟悉的。

　　下面是情境的两极：

　　　　正式的　非正式的
　　　　教师引出问题　"漫谈"
　　　　为了进入一个单元　在对书和图片的非正式的讨论中展开

　　为了激发儿童的好奇心，我们可以同时运用正式的和非正式的情境设置。有时候，我们会通过阅读一个故事来开启探究的旅程，以引发学生对文化、科学或文学的进一步探索。

　　为了培养探究精神，在我们阅读故事时，我们一般可以用一些不太正式的"漫谈"来激发学生的好奇心。在这个过程中，我们不仅要让学生逐句阅读，还要鼓励学生主动思考这个故事。

　　正如我将要在第5章中论述的那样，为了营造一个让学生发问的环境，当我们在使用教师直接引出问题这种方式时，我们也可以使用很多"漫谈"。我们不必要回答所有的问题，除非学生指出其中某些很有趣。在一学期开始时，我们就可以让学生经历这些非正式的、初始的体验。它们能够帮助我们为后续的学习单元搭建一个情感的、社会的和心智的框架，从而让学生的问题在这个框架里扮演更重要的角色。

小　结

　　我希望本章能够引发你对后面那些令人振奋的体验的好奇。你可以在任何一个学科、任何一个年级发现这些新奇的体验。或是经过自己的独立思考，或是在同伴和教师的帮助下，学生们形成了自己的问题，同时为寻找到恰当的词句费尽心思。观察这一过程本身就极大地开阔了我们的眼界。我们的探究旅程中的问题并不是完全都像杰西的学生所提出的问题那么复杂，其故事也不完全都像罗宾所描述的那样引人注目。但是，每一个旅程都会促进学生的学习，促进学生参与到自发的学习中，从而获得新知识，就好像凯文好几年前做的那样。

这些课堂里的故事引发了一些问题，我们会在本书的后面章节中论及它们。

1. 探究为什么很重要？为什么要尽早开始？（第 2 章）

2. 如果教师自己对作为智力活动过程的探究还不熟悉，我们如何在课堂里开始探究呢？（第 3 章）

3. 如何为学生的问题做准备？（第 4 章）

4. 我们如何建构探究性学习单元（考察教师控制的水平）？（第 5 章）

5. 好的问题具有何种特性？我们如何帮助学生提出更好的问题？（第 6 章）

6. 我们如何知道学生理解了（着眼于真实性评价）？（第 7 章）

7. 我们如何在音、体、美教育中培养探究精神？（第 8 章）

8. 如何在家里开始探究？（第 9 章）

9. 我们如何激发有特殊需求的学生去探究？（第 10 章）

10. 在课堂之外有哪些方式能够促进我们的专业发展？（第 11 章）

以上这些问题很重要，我们会在后面相应的章节中加以论述。

实践机会

本书每一章的最后都有问题和建议，以便进一步讨论和实践尝试。

1. 你最欣赏第 1 章中所描述的哪个教师？为什么？

2. 你所在的学校有哪些因素能促进探究活动？又有哪些因素会阻碍探究活动？你是如何应对的？

3. 你课堂里的探究活动是什么样子的？你是如何理解探究性教学的？你在哪里看见它被运用过？（对你的学生来说，好的问题是"我们如何知道一个人很好奇？"、"什么是探究/质疑，为什么它很重要？"，黛拉的一个学生莫里对后一个问题的回答是："质疑是学习的一部分。"）

4. 你的学生讲故事和提问题的水平如何？

5. 在哪些情况下你的学生们喜欢问问题，进而寻找问题的答案？你在这个过程中是如何帮助他们的？

6. 在阅读了本章后，你对学校的探究活动有哪些问题要问？你会如何着手寻找答案？

探究为什么重要？

一个学生在课后说："这比课间休息更有意思。"或许这在我的教育职业生涯中是唯一的一次。

这发生在不久前明尼阿波里斯市的长青公园小学四年级的阅读课上。这些被称为"类型 I"的学生之所以被分在一组是因为他们有阅读障碍。而我在他们这个年龄时，在理解语言符号、句子和段落方面都有困难。

在劳里·史密斯的班上，有6个学生坐在一起，形成了一个半月形。我们正在读一本关于火山和其他地形构造的书。我被邀请去给他们示范各种探究策略。在阅读文本部分时，我们体验到了许多快乐。我们还仔细地研究了像圣海伦斯山那样的火山图片。如果我没记错的话，我们还仔细研究了像夏威夷的基拉韦厄那样的喷发型火山。

学生们充满了好奇：

"火山为什么会爆发？"

"当岩浆遇到水时，会发生什么？"

在研究不同的火山喷发模式时，我们也很快乐。我们将火山喷发比喻为摇一瓶密封的苏打水，然后看着软木塞被冲出来。通过这种方式，这些有阅读障碍的儿童在理解堵塞的空间和建筑内空气压力等词语时没有遇到任何困难。

在说明探究为什么很重要之前，我花了大量的笔墨描述上面的事件，并探讨它的意义。这是为什么呢？

答案很明显。这些孩子对使地球变得如此有活力的火山爆发很感兴趣。他们已经能够用自己的经验去理解这些强大而又具有灾难性的火山爆发了。但是，更重要的是，我之所以在这个时候想起这个故事，是因为它凸显了探究为什么如此重要。

我们为什么要探究

是什么让我们如此好奇，以至于我们想要去探险，比如，登上那冰天雪地的南极大陆，潜入大西洋的深处，或者探索我们最喜爱的作家的最新小说中的秘密。

心理学家们长期的研究表明，那些具备某种特性的现象、经历、地点、物体等都能引发我们的好奇心和求知欲。

比如说，你认为下面这些有什么共同点？

- 南极——那里的野生动物、气候和地势
- 土星的光环
- 画作蒙娜丽莎或者毕加索的其他人物画
- 生活在壳外的小海龟富兰克林（《小海龟富兰克林的故事》）
- 充满各种奇怪的东西、颜色和气味的池塘
- 出现在电视里的一只会说话的壁虎
- 本来冬天很冷的地方气温变暖
- 企鹅走路的样子
- 当弗恩和她的妈妈坐在桌边一起吃早饭时，她问道："爸爸拿着斧头去哪儿呢？"（《夏洛的网》）☞
- 一年级小学生的卧室里的涂鸦
- 在中场休息期间一个瘪了的球

回顾与反思

上面所列的这些有什么共同点？你在自然世界和文学世界里找到了哪些相似的因素？

当我选择所列的这些条目时，我是从我与儿童相处的经历中挑选出来的。这些条目都具有如下一个或几个特点：

- 复杂
- 新颖

☞ 美国、德国合拍的动画片。——译者注

- 神秘
- 迷人

> 研究表明，只要具备新颖性、复杂性、不确定性和冲突性的事物都能引发人的好奇心，促使我们去探索和研究。

正是事物的这些特征激发了我们的好奇心，促使我们去探索。研究表明，只要具备新颖性、复杂性、不确定性和冲突性的事物都能够引发我们的好奇心，促使我们去探索和研究（Kashdan et al，2004）[294]。新颖性表明事物对我们的经验来说是新的。如果事物很复杂，比如一个受污染的池塘或一头小猪的故事，那么我们就可以从多方面进行提问和研究。不确定性是指我们不能立刻弄明白将要发生什么，就好像一个一年级的小学生在浴室里的涂鸦，而我们不知道原因或我们可以做些什么。冲突性表明对立双方的存在，其各方都有自己的问题要解决。比如，小海龟富兰克林如何能够学会生活在壳内，尽管它知道生活在它那狭小黑暗的壳里会遇到神秘而又令人恐怖的事情。在每个文学故事里，我们都可以体会冲突性。

当儿童在玩一个玩具时，比如一个新的玩具屋、玩具卡车、游戏或化学组合，他/她是被它的新颖吸引了。

有趣的、最好的儿童玩具是积木。每块积木没有插画，没有手柄，是一个很普通的形状。为什么把它弄成这样？因为儿童可以将自己的想象融进积木里。更重要的是儿童能够把这些积木变成他/她想要的任何玩具，比如商店、消防站、家或者整座城市。

凯若琳·普瑞特是20世纪初纽约市的一名教师。她对过度形式化了的教具感到沮丧，因此发明了儿童积木，以培养儿童在游戏中的探索能力和想象力。一些研究者认为这种积木能对发展儿童的数学—空间能力产生积极影响，同时也能促进认知的发展。除了数学能力的发展，一项研究强有力地表明儿童玩积木能够促进儿童的创造性思维和想象思维的发展，能够增强他们对生活的控制力。

儿童的玩耍是有自我调节（控）特征的自然过程，所以我们可以把积木做成任何东西，以用于自我奖赏。玩积木本身具有趣味性，同时它还可以让孩子感受自我实现的乐趣——比如说用积木做一个消防站。因此，儿童的游戏是一种独特的经验。在这个过程中，我们用三种不同方式在控制自己，而这些方式是我们在学校的日常生活中难以复制的。如果我们能够引入更多有趣的学习体验，在这些体验里，学生可以凭着自己的兴趣做出决定，也可以按照自己的需

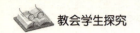

要改变活动目标和方式，那么，可以想象可能会发生什么！

当我们为那些新颖、奇特、复杂的事物感到兴奋时，我们可能就会发问。但是，我们应该不仅仅只会发问。

在《我们如何思维》这本书里，杜威（Dewey，1910）写道："思维起源于某种疑惑、迷乱或怀疑。"换句话说，一个好的问题或情景总是充满了疑惑、困难和不确定性，从而促使人去发问（这点我们会在后一章进一步讨论）。然而，更重要的是，如果我们在探究，那么我们就已经开始思考了。提出问题、寻找信息、批判性分析、寻找答案等一切都表明我们正在思考。

因此，我们要认识到探究是我们遇到奇怪、困惑、复杂、神秘、新颖的情景时很自然的结果。这些体验和事物让我们产生疑惑与好奇。我们想要发问，同时又开始探索，以找出答案。

因此，新颖、冲突和奇怪是好的！

新颖、复杂和疑惑促使我们探究，使我们与不同于自己的经验世界建立起联系。

让观点深入脑海

希斯夫妇（Heath C & Heath D，2007）最近的一本书全面展示了是什么导致我们去探究。在《黏住——为什么我们记住了这些，忘掉了那些》（*Made to Stick—Why Some Ideas Survive and Others Die*）一书中，希斯夫妇研究了为什么一些观点能长时间保持在记忆中，而另一些观点却夭折了。

举一个很有趣的例子。人们在谈论如何告诉美国民众这样一个观点：在电影院里，中桶黄油爆米花含有 37 克的脂肪酸，而美国农业部推荐一天最多摄入 20 克的脂肪酸。

为了让这个观点具有说服力，进而使人们采取行动，你如何才能让这个观念深入人心呢？方法是这样子的，你手里拿着一桶爆米花说："在普通电影院里，中桶黄油爆米花的含脂量比早上吃的咸肉煎蛋卷、中午吃的大汉堡和炸薯条、晚上吃的牛排所含脂肪的总量还要多，而这些脂肪会导致动脉阻塞。"同时，还给了它一个有趣的大标题"灯光·行为·胆固醇"。

什么能使观点深入脑海？希斯夫妇找到了下面几个标准：

- 简单：直达核心观点
- 出乎意料：设计意外和惊奇

- 具体：意象或可以看得见的人类行为
- 可信：信息来源可靠
- 情感：让人产生某种感受
- 故事：激发我们讲故事的嗜好

现在，我们可以发现探究活动和课程开发之间的关联了。我们想选择那些棘手的事物和问题情境。也就是说，在某个故事情境中，它们描述了问题的关键，背离了我们的直觉，超出了我们的预期，激发了我们的情感，并且看起来具体可靠。

探究的好处

探究有哪些好处呢？现有研究都集中于科学教育。这些研究得到了一系列的具体结论，包括词汇知识、概念理解（Lloyd，1988）、认知发展、信息加工技能、对科学的积极态度（Shymansky et al，1983，1990）。其他研究（Haury，1993）表明，在科学教育中，探究性教学对科学素养、词汇知识、概念理解、批判性思维都有好处。

鲁格斯、马斯特皮瑞、巴肯和伯明翰的研究表明，探究性学习使残疾儿童的学习水平明显提高。罗斯伯里对处境不利人群的研究表明，探究性教学策略能够提高他们的科学思维水平和写作与交流能力，能够帮助他们学习英语，获得推理技能（The National Research Council，2000）。

一些研究很自然地就集中在高中学段，比如劳埃德的研究。另外一些研究是和中学的实验课相关的。但是，有一项研究的研究对象是加利福尼亚的从幼儿园到小学六年级的学生。研究表明，长时间地实施探究性教学能够提高英语学习者的学习水平。通过亲身实践，每个单元的学习都"为学生提供了充足的机会，使其参与到科学知识与科学技能的学习中"（Amaral et al，2002）。在学生的探究日志里，他们记下观察结果、问题和合理的实验设计方案。教学语言主要是英语，但必要时学生也可以用西班牙语写作。

研究者对四年级和六年级的学生进行"斯坦福学业成绩测试"，结果显示"这些英语语言能力欠缺的学生在该项目待的时间越长，他们在科学、写作、阅读和数学方面的得分就越高"（Amaral et al，2002）[213]。这一研究结果与其他研究结果一致。它们都表明，与以书本为中心的学习相比，探究性学习更能提高学生的学业成绩。

因此，探究性学习不仅仅适用于科学的学习。当我们让学生去观察、发问、实验和分析时，也会对他们的阅读、写作和数学能力产生积极的影响。

英语语言能力欠缺的学生能够从类似的学习项目中受益，关于这一点，阿马拉尔（Amaral et al, 2002）[236-237]等人做了如下假设：

1. 科学工具和可以亲手操作的素材为学生营造了良好的情境。"在探索过程中，学生有机会讨论和了解知识学习的情景。"

2. 在合作的环境里，学生可以持续地相互学习。"在课上，学生向老师请教问题时经常畏首畏尾，但是他们大部分人却能随意问同伴问题。"

3. 当教师鼓励学生合作学习时，学生的学习态度更积极。

我们所有人在上幼儿园和小学时都有过上面类似的经历。我教过一些四年级的学生，希望用海贝激发他们去观察和探究。我看见两个学生已经注意到软体动物的许多特征，同时正在起劲地用他们的母语索马里语交流，分享他们的新发现。

因此，这项研究从多个维度呈现学生长时间在一个探究性学习项目中的表现。在这个学习项目里，他们有充足的机会来发言、写作、提问、分享观点和假设、试验、找出答案。

这种经验在何种程度上能够迁移到其他学生与其他学科上？或许，研究新奇、复杂、让人困惑的内容，提供发问与合作的机会，大量使用探究日志等方式都适用于科学以外的其他科目。

单从情感的维度考察，"凯尔等人（Kyle et al, 1988）发现，与传统的教学相比，小学生经历了一年的探究性学习后，明显地更喜欢科学课了。这项研究引人注意，因为所有参与这项研究的教师都得到了学区的广泛支持，包括长期的在职培训。"（http://www.csulb.edu/~acolburn/AETS.htm，2007年5月访问）

考察探究效果的其他维度

但是，课堂探究的重要性不能仅仅依靠我上述引用的那些在控制环境下开展的实验研究来证明。我们还要从其他研究维度来寻找支持。

重要智力过程的卷入

当我们心生好奇，同时又不断去发问，寻找问题的答案时，在某种程度上，我们就开始了批判性思考。我们会去寻找、分析所需要的信息,会进行对比和比较,判定信息的可靠性,并最终得出合理的结论,就好像海蒂与她的三年级学生们所做的那样。

正如杜威所说,思维始于我们想解决的某种疑惑、困境和不确定性。比如说,你可以看看"智力活动三水平图"中的水平 Ⅱ 和水平 Ⅲ(见图 3.2,第33—34 页),就明白杜威的意思了。

马扎诺等人(Marzano et al,2001)将已有知识与学习内容进行比较,发现它们的异同。他们的研究表明,基于问题的教学能够增加学生的问题解决能力,促进学生获得事实知识。

当我们批判地思考时,与纯粹的识记内容相比,更容易达到更高水平的理解(Bransford et al,2000)[236]。另一项研究显示,在水平 Ⅱ 和水平 Ⅲ 阶段,思维最显著的结果是我们获得了理解,获得了将知识运用于新情境的能力(Mayer,1989)。因此,如果我们有兴趣培养学生的知识迁移能力,就必须使学生学会批判性思考。如果我们想要学生理解各单元的基本观点,就要鼓励他们去经历水平 Ⅱ 和水平 Ⅲ 上的高级思维活动过程。

因此,当学生正在探索问题的答案时,当他们尝试着指出某种疑惑、难题或不确定性时,他们就是在进行深层次的思考。这种思考能够产生有意义的学习,能够培养在真实情景中运用信息的能力。

总之,对经验世界的探究能引发新的理解和意义。

掌控

现在,我们来说点其他的。

我想知道,有多少人有兴趣在家里或学校里开展自己的项目。我想知道你更喜欢哪一个方案:(1)被安排去研究冰岛的渔业;(2)自己选择一个国家,提出与这个国家的商业活动有关的问题,并自己去研究。

我还想知道,有多少人还记得自己学生时代的学习经历。你那时对这些学习项目的感受是什么?你那时学习的东西你还记得多少?比如说,我清楚地记得高中时用一个漂亮的饼干盒做了一个威尔逊云石。借助一块夜光手表,它能够让我观察 α 离子辐射的影响。我选择这个主题后并着手研究。在朋友的父亲查尔斯·威廉博士的帮助下,我做出了这个东西。我的意思是,我们拥有某种程度的自主权的学习,有可能更有意义,也更容易记住,因为我们自己做出了许多决定。

在生活中，让我们越来越多地控制自己的学习和事情是非常有益的。看看下面的例子吧。

芭芭拉·麦库姆斯（McCombs，1991）是科罗拉多州中部地区研究所的一名研究者。她认为当学生表现出"我能做出决定"的态度时，他们能体验到更多的主体性，更能掌控自己的生活。"我的目标是什么？""我将如何达到它？""我现在表现得怎么样？""我过去表现如何，我本来在哪些方面可以有所不同？"当学生问这类问题时，他们就是在学习给自己授权。

> 当学生表现出"我能做决定"的态度时，他们能体验到更多的主体性，更能掌控自己的生活。

为自己树立目标是一种反思性实践。它能激发学生内在的学习动力。（McCombs，1991）[6] "我的问题是什么，我将要如何解决它？"当我们鼓励学生去问自己时，就是在鼓励他们对自己的学习承担更多的责任。这种主体性能够让学生控制自己的行为，帮助他们学得更多、更好、更有意义。

我的堂妹诺妮·汤姆森遇到困难时，她父亲经常这样问她："你打算怎么办呢？"这让人终身受益。但是，这对一个尚需要指导的儿童来说，当然很难。

研究表明，鼓励学生反思自己的行为以及行为与后果之间的关系能够减少学生的不良行为（Sullo，2007）[19]。因此，鼓励学生树立目标、自己做决定是有益的。

哈佛大学心理学家艾伦·兰格（Langer，1989）深入研究了"专注力"这个概念。即对新信息保持开放，具备新的分类方法的潜力，而且能够意识到多种观点的存在。比如说，她在疗养院里做了一些新颖的实验，主要是为病人提供更多的决策机会。实验结果显示："病人不再感到那么沮丧，独立性和自信心都更强了，对自己的选择也更明晰。"因此，拥有选择权有利于人的健康。这与探究有什么关系呢？因为好的问题能够提供给人们许多选择机会来回答问题。

同时，兰格也在研究探究性教学的一个核心元素，即成为一个对世界好奇的观察者（参见第4章）。当我和那些对探究性教学感兴趣的教师一起进入工作坊时，我们花了很多时间观察那些有吸引力的事物，比如，来自科学或人类学的某种东西，或者一件艺术品。为此，必须仔细观察我们所看见的，要从不同方面对所观察的物体产生好奇心，要仔细观察它的线条、颜色、形状、设计和形式。

目前，兰格已经发现这种细致观察对我们的健康有益。

"将注意力集中在事物新特征上的过程，会产生我们所有人都在寻找的那种投入感。这比你想的要容易。你需要做的就是真正地注意到新事物。30多年的研究表明，专注力在比喻意义和字面意义上都是有活力的。它是当你处于激情状态时的感受。"（Lambert，2006）[94] 另外一个结果就是"你对不确定性有一种更积极的敬畏，而不是害怕"。

> 30多年的研究表明，专注力在比喻意义和字面意义上都是有活力的。它是当你处于激情状态时的感受。（Lambert，2006）[94]

因此，当我们遇到世界上那些陌生、新奇、复杂、神秘的东西时，以开放的心态看待新经历，能够使我们保持心理上的警觉，甚至满怀激情地参与进去。

小 结

通过前面的论述，我们很容易发现，如果让学生去接触那些能够产生疑惑、难题、不确定性的物体、现象和经历，就能够培养他们的好奇心，教会他们去质疑和发问。

他们的问题会引发探究。如果能够给他们时间和资源支持及心理安慰，这种探究会产生智力、社会和物质方面的最大回报。

发展心理学家（Copple et al，1984）[244] 告诉我们：鼓励学生提出问题与解决问题，鼓励学生以不同方式解决问题，这些对智力发展都很有效。在后面的章节中，我们会发现，要在儿童的经验和课程中发现他们参与的机会，以使得他们能有效地思考，对那些充满矛盾与新奇的问题情境产生好奇。

比如说，当儿童解释他们为什么要去奶奶家、他们将如何走到消防车库或者将如何准备一顿饭时，我们可以明智地问道："你还能做哪些其他的事？""有没有另一种方法？"（Copple et al，1984）[233]

当用这些方式来激发他们时，我们就拓宽了他们已有的策略范围。更重要的是，我们帮助他们意识到看问题的角度和问题解决的方式多种多样。

为什么这很重要？

这些开阔心智的经历能够促进智力发展与情感健康，形成和谐的班集体。

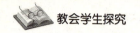

实践机会

1. 在你的课堂上发现值得研究的事物。他们要呈现出以下一个或几个特点：陌生、新奇、模糊、矛盾。

2. 自己琢磨这些事物。看看它哪方面吸引了你，让你产生疑问。

3. 开始写探究日志。在日志里，你可以记下自己感到疑惑或有趣的事物。比如说，我最近就记录了水滴落入小池塘这个现象。我想知道哪些因素影响了涟漪的高度、长度和范围，小池塘的水面多久才能恢复到如镜一般的平静？一项研究表明在某一天媒体花了 14 秒钟报道战争，但是花了 3 分 13 秒报道安娜·尼克尔·史密斯的死亡。我想知道在新闻中为什么某些电影明星比伊拉克战争更能吸引媒体的注意力。

4. 激发学生去分析各种事物、新闻故事和经历，找出那些吸引人的东西。倘若学生们能理解新奇、复杂、模糊等特征，就让他们从家里带来具备这些特征的东西。

5. 让学生在探究日志里记录下他们感到惊讶或好奇的东西。定期反思这些记录，以做出一般性结论。

6. 问学生："为什么提出好问题与寻找问题的答案很重要呢？"将学生经常带到课堂上的例子做一个"流水账"。制作属于你们自己的海报，主题为：为什么提问对我们所有人都很重要。

我们如何开始探究?

展示好奇心

我们都知道自己所敬佩的人。多年来，在勇敢和探险方面，海军少将理查德·伯德一直是我的榜样。1928 年，他成为第一个飞过南极的人，也拉开了驾驶飞机探险南极的序幕。我还敬仰我的祖父卢埃森·雷·弗格森，因为对于各种奇怪的现象，他经常问我："约翰，你好奇吗?"我的母亲伊丽莎白·巴雷尔十分喜欢英语语言及其用法，她在这方面是我的榜样。她有一颗好奇的心，喜欢问"你怎么知道"。我的父亲拉尔夫·巴雷尔是一个意志坚定的人。在这方面，他是我的榜样。面对不利处境，他总是说："没有'不可能'这个词。"在高中时，我对这句话并不感兴趣。但是，它暗含的道理却很深刻。

我们都知道一些人，他们的生活折射出了许多优良的品质。我马上就能举出几个:

• 物理学家理查德·费因曼的好奇心。他长期对核物理学、小手鼓、裂缝保险柜等各种不同的东西感兴趣。他还对一架消失了的航天飞机进行了调查研究。

• 杰基·罗宾逊的风度。他能够保持冷静与谦逊。当种族歧视分子讥讽他时，他还能够集中精力打棒球。

• 在近乎耳聋的情况下，贝多芬对音乐充满激情。

• 欧普拉·温弗瑞的采访能力、倾听能力，及其与有故事的人分享舞台的能力。

我之所以提到这些专业人士，是因为他们扮演着榜样的角色，能够帮助我们创建一个班集体。在这个班级里，学生们被鼓励去发问，去寻找问题的答案。

如果希望学生充满好奇，同时也向我们表达这种好奇，我们首先要在教室里创造一种接纳的环境。在这里，我们分享自己的好奇与疑惑。

这种环境能鼓励学生提问，引导他们在教师的指导下寻找答案。创造这种环境的最好方式是向学生展示我们的好奇心，即分享我们感到有趣又愿意寻找答案的经历、事件、物体或观点。

探究日志

据我所知，为了更多地意识到自己的好奇心，最好方式就是写日志。我从13 岁就开始写探究日志。那时，我对南极、伯德少将、伯德少将的探险活动以及南极的动物、地理、地质环境以及这个地区的冰川等很好奇。

其中有一条记录是这样的："当我 50 岁的时候，我希望自己已经去过南极了。"我把这当作一个目标，并寻找各种方式达到它（比如，以科学家或海军军官的角色去南极）。结果我 25 岁之前就去了南极（你可以在我的《南极探险：一次充满奇迹的旅程》一书中读到这个故事）。

如果我们真想在课堂中进行探究活动，我们要做的第一件事就是通过下列问题反思自己的生活：

- 在家里或其他地方，在好奇心方面，谁是我的榜样？
- 他们如何影响我培养自己的好奇心？
- 谁阻碍我去寻找意义和理解？他们是如何做到的？
- 通过反思个人的经历，我们学到了什么？

我们可以在开车回家的路上静静地问自己这些问题。我们也可以抽出专门时间，找一个笔记本，坐下来，记录我们对自己过去的反思。我们也可以用探究日志对自己日常生活中感兴趣的主题和东西进行反思。

图 3.1（第 26 页）列出了一系列条目。我们可以在探究日志中使用它们。如果你希望学生也开始反思他们校内外的生活，或者你希望学生们在学习不同单元时也能反思，那么他们也同样可以使用这些条目。

下面就是最近的一篇日志：

飞过了一个被白雪覆盖的 V 字形平原。但是，有趣的是，这个平原两边都与宽为 20 公里的低山临界。这些低山连绵起伏，犹如大脑皮层。

1. 平原两边的山是如何隆起来的？

2. 什么地质力量迫使这个平原紧扣着两边的山?

3. 它是不是侵蚀力量冲走了沉积物之后而形成的，就像山谷那样?

4. 过了几分钟后（飞机以 500 英里/小时飞行），又是一批起伏很有规则的小山。

5. 这告诉我们有关山的隆起过程的哪些信息?

6. 这一过程与形成落基山的地壳俯冲和碰撞过程在多大程度上相似?

7. 突然出现了一小块大小为 1/4×1/2 平方米的黑色平地，就好像一个农民扫开了积雪。

8. 或许是一块黑色油布，为了吸收太阳光，融化积雪。油布下土里生长的是什么呢?

总结：地球的力量不断表明其活力，不像火星那样没有山脉，死气沉沉。

2007 年 1 月 3 日写于由拉瓜迪亚去丹佛和埃德蒙顿的 38000 英尺的高空

记录下任何事情，只要它们反映出我们对世界的好奇:

• 反思在自己花园里种植冬青树的劳动。想知道如何让所有植物都活下来，还想知道为什么这个春天我对植物栽培感到沮丧。

• 在伦敦，正在考虑这本书的出版，同时也着手安排《幸存的厄瑞波斯：南极探险》（Barell，2007c）这本书的写作。1839 年，书中的主人公住在离这里不远的地方。

我们自己的家庭经历

在记忆中搜寻出我们自己的家庭故事，为自己的好奇心找到榜样人物。对于鉴别出那些曾对我们的好奇心产生过积极影响的人，是一个很好的开端。作为一个拥有好奇心的人，我们时常会发问，想弄清到底发生了什么，也会时常对现状感到不安，进而提出"如果我们曾这样做呢"，还会对自然世界的奥秘产生好奇。

我的外公是一名科学家，在通用食品公司上班。他发明了第一种餐桌甜点 D-Zerta。在好奇心方面，他是我的榜样。当我还是个小孩的时候，他经常问我："约翰，你有没有好奇过，为什么太阳在刚升起时显得很大但是在天顶时却看着更小一些呢?""我们怎么知道地球绕着地轴转呢?""如果我们把这种化学物质与另外一种物质混合，会怎么样呢?"

他经常会让这些提问环节看起来像一个游戏。因为尽管这些问题都有正确

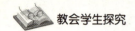

答案，我却拥有机会去尝试，来找出问题的答案（比如为什么当太阳处于天空中的不同位置时，看起来会不一样呢）。

在热爱语言和文字方面，我妈妈是我的榜样。她是怎样做的呢？她每周都做《纽约时报》上的填字游戏。她在 92 岁时还会做，但是不再经常做周日版的那个最难的填字游戏了。

在我学习和理解语法时，她经常帮助我。她经常告诉我："你不能说'it's between you and I'，就好像你不能说'it's for I'或者'it's about I'，对吧？"她还告诉我宾语前置的正确用法。

她还是一个积极的怀疑论者。在这方面，她也是我的榜样。我的外公曾经告诉我们这样一个故事。我妈妈 16 岁时，他们住在罗切斯特市市外的勒罗伊。一月的一天，外公让妈妈看外面那些漂亮的雪花。

外公说："贝蒂，你知道吗，令人惊奇的是，每片雪花都是独一无二的，就好像人的指纹一样。每个人都是与众不同的。"

妈妈说："真的吗？你怎么知道呢？"

外公用科学知识对此进行解释。

妈妈说："我不相信。"

外公难以置信地说："什么？"

妈妈说："我不相信。你看见过世界上所有的雪花吗？"

这可能就是他们对话的结尾了。

我注意到/观察到/看到/体验到……我的思考/感受/问题是……

我好奇的是……

据说……但是我不能理解的是……

我看见了……我想知道的是……

我真的很好奇为什么……

这让我想起了……它与……相关。

在这里，重要的是……

我试着弄懂……

可能……也许……难道……

这里的意思是……

这让我感到……我感觉……

倘若……

我从这些问题、思考和研究中了解到的是……

图 3.1　探究日志模板

约翰·迈克将批判性思维定义为在某种程度上对我们所信、所思、所为的怀疑。下面我要举出一个具体的例子。

当我告诉妈妈我认为所有沙粒都是独一无二的,她告诉我说:"我不相信。你或者其他人看见过所有的沙粒吗?"

很显然,没有人看见过所有的沙粒。

或许,我们可以通过引介,那些善于提出好问题的人,或是通过反思和记录经验体会,使自己也成为一个具有好奇心的人。

此外,我们还可以从自己最近的旅行见闻中挑出一些新闻或物品来培养自己的好奇心。

新闻条目: 今天的报纸报道的都是关于沃特·利兹医院门诊部为退伍老兵所提供的疗养环境的事。

问题:《华盛顿邮报》的记者们为什么要花时间去挖掘这个环境的事加以报道?这些设施为什么不是美国陆军常规检查和维护的一部分?(《华盛顿邮报》,2007年2月18—19日)为什么医院的管理者,尤其是一位三星级上将会说:"我没有在沃特·利兹医院视察军营。这些故事如何体现在伊拉克战争的规划和执行上?"

物品: 我经常会把自己收集的部分海贝带去与学生们分享。这些海贝是好几年前我的妻子南希和我在长岛发现的。但是,长岛现在再也没有海贝了。为什么它们会消失呢?我让学生相互传看,仔细观察和探究,因为每个海贝都不一样。这些海贝色彩柔和,纹样对称。它们怎么会长成这样?长在哪里?是哪个年代的?是哪种贝壳?

我也曾用一个简短的故事激发自己的思考。下面就是史蒂芬·克莱恩(Crane,1955)的《海上扁舟》:

"他们之中没人知道天空的颜色。"

故事中的"他们"是指谁?"他们"在哪里?"他们"为什么不知道天空的颜色?对于我们来说,看天空的颜色就是抬一下头的事。

我们对那些有趣的、新颖的、复杂的、不确定的事物所产生的好奇,一定会传递给学生这样的信息:拥有好奇心很有趣。为此,我们只需要仔细观察周围的世界。

观察、思考和提问

我们生活中最重要的智力活动就是观察。尤吉·贝拉曾说:"只要愿意看,就能观察到许多东西。"他因这句名言得名。是的，没错！带着批判的眼光去观察，能够帮助我们识别那些具有疑惑性、复杂性和新颖性的情境。

理查德·费因曼讲述了一个朋友的故事。这个人能够说出林中某种鸟的名字，而费因曼不能。但是，他的父亲告诉他，重要的是观察鸟的行为。

科学和生活都是由热衷观察的人所推动的。一个热衷观察的人不仅会观察自然世界，也会观察周围的人。如果我们将细致的、极为重要的观察与结合背景知识的反思以及最初的好奇心联系在一起，就会得到以下方法：

观察："我们看见、感受到、听见、触摸到、闻到了什么?"

思考："我们有哪些相关的想法?"

问题："我们头脑中有哪些疑惑或问题?"

观察是培养好奇心的基石。事实上，哈佛大学的研究者艾伦·兰格告诉我们，辨别力和注意新事物的能力"在字面意义和比喻意义上都是有活力的。它是你处于激情状态时的感受"（Lambert，2007）[94]。

兰格总结道，好的观察"是主动将注意力放在新的差异上。它能够产生我们所有人都在寻找的那种投入感"。

发展心理学家很早就知道观察对于儿童学习的重要性。通过"增加孩子对事物本身、感觉能力以及事物的物理属性的熟悉程度"，我们"拓展了儿童的经验，为他们提供了可供思考和发问的观点，以及解决问题的思路，同时也鼓励了他们的分析性思维"（Copple et al，1984）[231]。

如果我们想要学生将智力和情感都投入进来，如果我们想要发展学生的辨别能力和比较能力，如果我们想要学生注意其已有的知识，那么我们就要提供给他们各种机会，让他们成为具有反思能力的观察者，热衷观察的人，具备辨别力的学习者。

对自然的反思——自言自语

下面就是我最近观察的一些例子。我经常在许多不同场合下与教师们分享这些例子。在学生面前自言自语，是向他们示范好奇心的最有力方式之一。

最近，我和妻子南希去拜访一位家住佛罗里达州棕榈滩的朋友。清晨，当我和妻子漫步在海边小道上时，我注意到路面上的一个小玩意。这个东西很小，卵形，顶部是褐色，其他地方是绿色。我把它捡起来，感觉很光滑。我很好奇它到底是什么，产自哪里。对我来说，这好像一个小椰子。我在附近的棕榈树周围搜寻了一番，又发现了好几个。我怀疑这东西是否是从棕榈树上掉下来。如果是，为什么呢？

超市里那些褐色的椰子都有椰子汁和椰子肉。有时，我们会把这些东西放在冰激凌里。我捡的这东西有没有可能是椰子呢？

在此期间，我和妻子住在朋友家。他的房子很漂亮，有阳台。房子不远处还有一个池塘。一天早晨，我坐在池塘边，看见一颗小水珠掉进了池塘，水波从碰撞点向四周散开。水面很快又恢复了平静。一只小鸟在飞过一个大池塘上空时，如果它掉下了一点什么东西，大池塘的池水会产生波纹。但是，与小池塘相比，大池塘的水面需要更长时间才能恢复平静。

让我好奇的是，哪些因素控制着水波的耗散：

- 水域的面积
- 水的深度
- 水的成分和表面张力
- 落入水中的物体的大小和它距离水面的高度

如同往常在旅途中或家中的反思一样，我把所有这些都写进探究日志里。

那天早晨，我发现当我对这一自然现象进行观察、发问和记录时，一些因果元素很快就浮现在脑中。现在该怎么办呢？我要去研究水波是如何产生的，以及它在不同水域如何传播。

当我与教育工作者们谈话时，我鼓励所有人都抽出时间来关注自己的思考和疑惑。我不敢肯定，对于那些认为自己不是作家的人来说，这是不是一件容易的事。但是，它的重要性不管怎么强调也不过分。我经常说这样的话："如果我们想要在学校和班级里创造一个探究的共同体，所有人都必须以身作则，要拥有好奇心。我们必须成为学生在好奇心方面的榜样，与他们分享我们的好奇与猜想。这对许多人来说是一种新的尝试。但是，在反思是什么让我们变得好奇之后，我们会更容易把这些告诉学生。你知道我好奇的是……"

一种好的办法就是每隔一两周花一点时间记下我们最近提出的问题。这些问题是什么？我们用这些问题来干什么？这些问题是无所事事时的推测（诸如小池塘中的水波之类的问题）呢，还是对我们当前的工作有着重要意义？

我们通过这些问题学到了什么？它们是一些很复杂的因果关系问题，还是关于未来规划方面的问题，抑或是关于事物和经历性质方面的问题？令我们好奇的是什么？是自然，还是我们周围的人？是国家政治，还是社区事务，抑或是我们自己的生活？我们要对自己的探究过程和思维过程进行批判性反思。这是培养探究能力的必要条件。我们必须要向学生展示自己的好奇、困惑、疑难和探究过程。我们必须表明我们并不知道所有的事，但是我们却在不断地质疑，以获得更多关于自身和世界的知识，获得更深刻的理解。

探究日志的记录方式并非唯一。但是，图3.1列出了一些共同的要点。我使用它们已经很多年了。

当对自己的探究方式感到满意时，我们可以开始与学生分享一些令自己好奇的事。既可以读一读自己的探究日志（可以鼓励学生也这样做），也可以自言自语。

每星期带一件物品

展示课上究竟在做什么？当我提出这个问题时，教师们有时会表现出不置可否的态度。

不过，还是会有学生从家里带东西来与大家一起玩。

在科罗拉多的某个班里，我发现班级的布告牌中的"我的新东西"一栏里贴着许多图片，我询问了其中一张图片。下面就是我的发现：

"我得到了一块新表。"（是一块表的照片，时间指在8：21）

"我得到了一串少年悍将的项链。你把它变成了一个手镯。"

"我从汉堡大王那里得到了一块表。"

我想知道该校的教师能在何种程度上使用这种很好的介绍，以激发学生对这些东西的好奇。学生们除了告诉我们他们得到的新东西外，还能让他们的同学围绕它进行观察、思考和提问吗？这有什么好处呢？

一方面，我们可以教育学生，让他们集中注意力，善于倾听，自己决定更想知道什么。另一方面，我们可以教会报告人从容应对其他学生所提出的问题。

其他一些教师在教学时会拿出自己的很多东西让学生观察和探究，比如棉被、岩石、帕台农神殿的照片、宪法的复印本、消防车模型、人类的骨架等。一个教师曾经问道："用一学年的前两周为学生营造一个良好的提问环境，这样做合适吗？"听取其他人的观点后，我十分坚定地回答道："合适。"如果我们希望学生成为一个好的观察者，并与他人分享自己对某一事物或经历的好奇，找出他们自己的问题的答案，那么我们就需要帮助他们，让他们在做这些事情时感到很自然。我们需要向他们展示自己的好奇心，需要带一些能够引起他们好奇的物品，需要在阅读时与他们分享自己的思想和感受。

故事阅读

比如，阅读《小海龟富兰克林的故事》（Bourgeois，1986）时，我们可以这样做：

1. 展示书的封面。在封面上，我们可以看见傍晚时分，房间渐渐黑了，一只绿色小海龟靠着自己黑色的外壳，满脸愁容。房间里的玩具散落在他的周围。

2. 与学生一起分享我们的观察和好奇：为什么他在自己的壳外？为什么壳是黑色的？为什么他在皱眉？

3. 猜猜这本书会讲述一个什么样的故事。

4. 阅读时，帮助学生观察书中插图所表达的内容，比如富兰克林拖着外壳去征求小鸭、狮子和北极熊的意见，等等。

5. 继续问："你认为接下来会发生什么？为什么？为什么你认为富兰克林会这么做？"

6. 你可能会像凯伦和玛丽·艾伦那样，先停下来，然后问："如果你是富兰克林，你的问题是什么，你会怎么解决。"（Barell，1995）这是另外一种方法——让学生参与进来，富有创造性地去思考故事中人物要解决的问题。

7. 阅读完这个故事，花一些时间思考故事中人物的性格和动机，想想作者是如何解决这个问题的，让学生说说他们喜欢（不喜欢）这个故事的哪些地方，问问学生们对故事中的人物、故事本身和故事的写作还有哪些疑问。

我们可以用很多方式来创造一个良好的环境。在这里，学生感到很舒服，也愿意去思考、质疑、发问以及分享他们的困惑。

其他方法——合作学习

一天，佩格·莫雷让三年级学生开展合作学习。合作学习的任务与阅读《夏洛的网》或发现太阳系的真理有关。学生们学得很努力。

快要下课时，佩格让学生们汇报自己的学习情况。一个名叫黛安的学生站起来，面对全班同学说道："我们任务完成得很好，发现了'＿＿'。但是一些组员表现得不好。蒂米不听大家的发言，詹尼弗一直在和别人说话。"

那时，我与一个小组坐在一起。我对她的发言感到惊讶。一个三年级学生告诉老师和同学她所在组的两个组员没有做他们该做的。所有学生都安静地坐着，没有一个起哄的。这是一件很严肃的事情。佩格·莫雷成功地营造了一个好的环境。学生知道在这里他们应该共同合作、相互倾听、相互依赖，最终得到一个可靠的结论。

回顾与反思

为什么你认为创造使学生能够很好合作的课堂环境很重要？

小组学习在任何课堂里都很有价值，尤其是当我们重视下列内容时：

- 不仅能听老师讲，还能相互倾听。
- 意识到学生可以形成好的观点，我们可以向学生学习。
- 用许多不同的观点解决问题。
- 尊重他人的观点，尤其是那些与我们意见相左的观点。
- 其他。

研究发现，合作学习有积极的效果：

一般来说，不管小组之间是否有竞争，组织学生进行小组合作学习对学生的学习有很好的效果（Marzono et al，2001）[87]。

用约翰逊的话说，这个结论可能是因为让学生进行合作学习，有利于增强"积极的相互依赖关系……促进面对面的互动……个人和小组的责任感……人际交往与小组沟通技能（比如，沟通技能、信任感、领导力、决策力、冲突化解力）……小组自评能力（反思小组的运作情况以及如何改进小组的工作）"。如果我们想要营造一种课堂氛围，让身在其中的学生变得很好奇，愿意探索身边的奥秘，那么我们自然就得教会他们如何倾听，如何与同伴合作。我们需要学会如何互相学习。

神奇的袋子

我最初从罗宾·凯西那里学到这种鼓励学生提问的方法。她经常用它来帮助学生提出好问题。罗宾把一个可识别的物体放进袋子里，这个物体是家里或学校都有的。然后，她鼓励学生针对这个物体提问，问题不能是一般疑问句。也就是说，她希望学生能够提出高层次的问题，也就是"智力活动三水平图"中位于水平Ⅱ和水平Ⅲ的问题（图3.2）。我一开始用它在成人那里做实验时，发现相当困难。罗宾却能够在五年级学生那里使用它。另一种方法就是用一般疑问句提问，猜出袋子里到底是什么，比如说："里面是订书机吗？它是红色的吗？"这些问题跟一个名为《20 问》的电视节目属于同一类。在这个节目里，参与者必须在 20 个问题以内猜出要猜的物体。参赛者一般会从很抽象的问题开始，比如，"是动物、蔬菜还是矿石？"然后，再慢慢缩小范围。还有一种方法是把一些神秘的、复杂的、吸引人的物体放在袋子里，让学生取出其中一个，针对它开始提问。

所有这些都是很好的学习经历，它能够帮助我们发现不同的问题。

我们应该依据学生的年龄状况，帮助他们学会区分：

• 能够直接用"是或否"来回答的问题，能够通过阅读文本来回答的问题（水平Ⅰ）；

• 需要进行一定程度思考的问题，可以通过文章的字里行间来找到答案的问题（水平Ⅱ）；

• 那些促使我们超越现有知识的问题，那些需要进行猜想、想象或预测的问题（水平Ⅲ）；

我们可以用"智力活动三水平图"（图 3.2）来帮助学生对问题做出这样的区分。

我更喜欢让学生自己去发现、创造自己的分类。但是，通过使用这个框架或其他框架，我们一定能够帮助他们。

水平Ⅰ

描述　　　　　　　　命名

观察　　　　　　　　背诵

记录数据　　　　　　回忆

水平Ⅱ

比较/对比

分类

确定变量

分析

辨别原因和结果，辨别事实和观点

提出问题，想出方案，解决问题

做出决定

推断，然后下结论

假设，实验，然后下结论

解释决策或结论的合理性

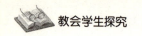

水平Ⅲ

评价

判断

想象

猜测……如果……那么……

估计

应用原理

预测

创造出一件产品

来源：Illinois Renewal Institute/Skylight Publishing, Inc., 1990

图 3.2 智力活动三水平图

窗边探究

一天，菲利斯·怀婷决定在她所带的四年级教室窗外安装一个野鸟喂食器，这个举动有着不一般的意义（Whitin P & Whitin D，1997）。她的学生们注意到蜂鸟来到喂食器旁。他们写了探究日志，在一学年里进行详细观察：

我看见3—4只蜂鸟……它们喝了好几口水。蜂鸟是黄绿色的，还带一点灰色，它们相互追赶，如果一只蜂鸟来到了喂食器前，另外紧随其后的一只就会啄它的身体……喂食器中的食物已经被蜂鸟吃了一半。

这些观察记录可以用来分析语言的用法，比如，"green"和"greenish"的区别，或者比喻的用法，比如，蜂鸟像鲨鱼一般吞吃。

学生们也提出了很多问题，这些问题引导着他们一年之中的观察：

● 鸟玩捉迷藏吗？

● 这些鸟还去哪儿？

● 这些鸟发出了哪些类型的声音？不同的声音分别是什么意思？

● 鸟在喂食器周围的运动方式是什么样的？

● 其中一些鸟会集体飞行吗？

怀婷夫妇描述了这些四年级学生为了解鸟类所采用的所有令人惊叹的方式。这些方式包括：仔细观察；收集变量数据，然后得出结论；绘制图表以帮助自己更好地理解；在处理众多信息时发扬积极的怀疑精神。

这是一个不平常的故事,讲述了一学年的探究活动如何始于对窗外鸟的观察,这种观察虽然简单却十分迷人。学生的探究活动成为这一学年的一个主要焦点,就好像赫伯特·科尔(Kohl, 1988)在他的《36个儿童》一书里所描述的那些生活在黑人住宅区的六年级学生那样。

小　结

为了创造良好的探究环境,我们可以做很多事情。这样的环境能够鼓励学生产生好奇,分享自己的疑惑,坚持寻找问题的答案。

我们可以用自然界、书或新闻中的人物以及身边的东西向学生展示我们的好奇心。这比坐在学生中间然后直接说出这样的话要好得多:"我已经注意到,喂食器周围的一些鸟在飞上喂食器之前,要花很多时间从一根树枝上跳到另外一根上。但是,另外一些鸟会直接从远处飞到喂食器上。我不知道为什么会这样……"

当学生思考我们带来的物体或故事中的人物时,我们需要给他们时间。在这种非正式的场合里,我们会提出所有的问题,一些问题也许可以找到答案。但是,我们的初衷是让学生对各自的好奇和猜想感到无拘无束。

我们应该使学生之间的相互倾听与回应成为常态。我与一些教师经常在工作坊里进行交流。他们经常看见我将手指向整个小组,这是因为一个教师正在回答另一个教师提出的问题,我鼓励他面向整个小组说话。"不要告诉我,要告诉你的同事们。我不是唯一在场的人,你们要相互回应。"起初,他们都很不解。但是,随后就明白了这样一个道理:我们不应该只回应某个老师,而是要相互回应。我从马特·李普曼和他的"儿童哲学"项目中学到了这种方法。这是鼓励学生提出好问题的极好方式。

实践机会

1. 开始写你自己的探究日志,记录令你惊讶好奇的事物。了解你提出或不曾提出的问题类型。

2. 与学生分享你的日志和你感兴趣的东西,鼓励他们自己提问。带一张图片、一件物品或一段经历,在学生面前自言自语,分享你的观察、思考和疑问。最后,学生们自然也会这样做。

3. 邀请其他年级的学生示范良好的互动行为和小组行为。或者邀请一个小组示范不良的小组行为。让学生明白他们在哪些地方做得不好。

4. 召开班会。在此期间问学生："为了创造一个好的团体，为了提出好的问题，同时相互学习，我们可以做些什么?"让学生为自己的成功承担责任。在教室里贴出大家的共同期望。

5. 在家里、学校或周围的环境里找一些能激发学生好奇心的物品，就好像菲利斯制作的野鸟喂食器，或者是诸如海贝、岩石、报刊文章、艺术品之类的东西。

6. 通过展示自己的探究记录，鼓励学生写探究日志。对于那些还没有采取行动的学生，我们可以帮助他们画一些自己拥有的物品，并将这些图片贴起来。

7. 给家长写信或备忘录，告诉他们观察、思考、好奇的重要性。让他们也参与到学生的探究过程中。

如何为学生的问题做准备？

经常有人问我应该如何提前为学生提出的各种问题做准备。与此有关的另一个问题是："我们如何既开展探究活动又能达到地方和国家的课程标准？"

对我来说，这个问题需要我们直接去做课程规划。如果我们希望单元学习富有成效，必须提前进行设计。进行单元规划时，我们实际上是在确定单元的主要概念、子话题、核心问题和具体目标。

有时，我与开展单元教学的教师一起工作，他们不清楚在单元学习结束后学生能够做什么。他们还不知道本单元最重要的概念，也不知道在单元学习结束后如何评价。

为此，我们需要花一些时间设计我们希望学生能够进行创造性思考的概念。本章主要讲述深度课程的规划，以帮助教师学会规划课程，进而促使学生对各种概念、观点和技能形成深刻的理解。

这一过程建立在上一阶段的基础之上。在上一阶段，我们已经创造了一个鼓励自由提问和寻找合理答案的氛围。

这一阶段的独特之处就是创建一个问题场景以激发学生的参与热情。换句话说，我们将会思考如何运用第 2 章的一些内容，比如哪些事物能培养好奇心和探究能力；什么事物能将我们引入一种情境并开始探究和思考；我们如何激发学生既批判又创造性地思考。

创设问题场景的模式

约翰·杜威（Dewey, 1910）在《我们如何思维》一书中写道："思维起源于某种疑惑、迷乱或怀疑"，"起源于某个有待回答的问题，起源于某种需要被解决的不确定性。"我们由杜威的实用主义方法开始探究活动，即寻找到能够引起学生注意的某种情境，这种情境充满了疑惑性、复杂性、新颖性或迷乱性。

回想一下《黏住——为什么我们记住了这些，忘掉了那些》一书（Heath C & Heath D，2007）中所谓的"黏着性"是指出乎意料、违反直觉、违反预期。我们就是要在课程单元中寻找到能激发我们去探究的情境，因为这种情境既简单又具体，而且还关乎我们的情感，并且带有几分故事性，以至于我们会情不自禁地说："等一下，这很有趣。"我把这些具有挑战性的情境称为"问题情境"。下面提供一个模式。

在过去的许多年里，我与教育工作者们一起工作。我将下面的问题情境当作一种模式。它源自新泽西州帕拉莫斯市的卡罗·卡楚皮的三年级课堂。

为了你所选择的动物或植物依然能够作为海洋生态的一部分，你得负责找到一种方式来阻止海洋被破坏。你必须找到一种方式来表明你在保护海洋，不仅能够保护你选择的那种物种，还能保护依靠这种物种生存的其他海洋生命体或非生命体。

反思与回顾

这个问题是为了启动小学三年级学生在之后较长一段时间里研究海洋，你觉得它怎么样？你发现它在哪些方面特别有价值？卡罗的问题情境与一般的单元导入有什么不同？

老师们通常认为这个问题情境对智力水平的挑战很大。学生们选择自己感兴趣的某个物种，然后了解该物种的濒危程度，接着弄清相互依赖的生态网的内涵，以及如何保护该物种。

让我们暂时停下来思考一下，这里都涉及了什么：

1. 为了从所有海洋生物中选出一种生物，学生们必须知道相当多的海洋生物。然后，他们需要对这些生物进行比较，从而得出结论，比如"我想要研究小丑鱼"。正如第2章中所提到的那样，观察、区分、归类等过程都有利于智力的发展（Copple et al，1984）。

2. 然后，他们需要确定一个问题，并解决它。这就意味着要想出多种问题解决方式，然后选择其中一种，这是极好的问题解决过程。

这一个问题情境值得欣赏和模仿的另一面，在于它蕴藏着真实的评价。学生们确切地知道自己必须了解的东西。为了选出满意的解决方案，他们需要使用"依赖"和"相互依赖"这两个标准。要知道我们对生态系统的每个决定不仅会影响我们所关注的物种，也会影响许多其他物种，就好像一块鹅卵石掉进一个小池塘。

这对三年级的学生来说很容易吗？卡罗说，一点儿也不容易。但是，如果卡罗和她的同事给学生们充分的时间（卡罗可能给学生 8 个星期的时间学习这个单元，因为在此期间她所在学校那一学年的主题是海洋）、资源和支持，这还是十分可行的。

我要再次强调，正如杜威所说的和卡罗所做的那样，对探究活动给予指导对任何一个单元的教学都十分重要。本章末尾有更多相关例子。

我们已经提到了能培养好奇心和探究能力的事物的特征，即疑惑性、新颖性、神秘性等。从图 4.1 中我们还可以找到这些问题情境的其他特征。

疑惑、不确定、新颖、神秘——它可以培养好奇心，激发探究行为（Berlyne，引自 Kashdan el al，2004；Copple et al，1984；Dewey，1910）。

复杂——可以从多方面、多维度、多角度进行探究。正如马扎诺（Marzano，2003）[150]所言，复杂性之所以能够激起我们的好奇心，是因为我们不知道结果，事物的许多方面都有待探索。

无边界——尚有争论的余地，兴趣不同的人们可以从多角度入手，不存在唯一的解决方法。这一术语出自杰克·韦尔奇（Welch，2001）[186]。

有拓展性——单元中的概念对单元学习和整个课程的学习都很重要，比如依赖、相互依赖、海洋生态、保护。

可研究——可以通过多种渠道获得研究信息。

可迁移——单元中的概念可以运用于其他学科或生活场景之中。

令人着迷——它可以激发学生的想象力。

黏着性——简单、具体、出乎意料、可信、有情感、有故事情节。

图 4.1 问题情境的特征

当我们自己设计问题情境时，可以用上述标准进行自我评估。

现在我们就开始设计这样的问题情境吧。

下面我要列举出来的一种方法是我与职前教师及在职教师经常使用的。它可以帮助教师设计出一种对心智、情感和身体都有挑战性的教学方案，以促使学生全面又深刻地理解主要概念。这不单单对普通学生是挑战，也不单单对天才学生是挑战，这对所有学生都是高水平的挑战。这也一直是我们的目标。

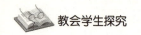
单元设计流程

作为一个课程开发者，多年来我使用的一种方法主要包括以下步骤。

1. 确定主题或单元。

2. 围绕该主题画概念图，画出你联想到的所有内容，包括下列内容但不局限于此：

A. 相关联的人名；重要的日期。

B. 从历史、文化、艺术、科学、数学、哲学、文学等不同角度反映出来的与主题相关的观点或子话题。

C. 历史因素或原因。

D. 当前的表现和相关议题。

E. 未来的预测。

以上进行的是头脑风暴，联想到的事物是未经评估的。我们将想到的一切都画在概念图上。

3. 然后，我们开始选择。哪些要素、因素、元素是我们希望学生去思考的？做出这些选择不仅要依据学生的年龄、年级、智力水平、兴趣，还要依据课程目标的性质、课程内容，以及国家或地方的课程标准。

到目前为止，我们已经独自或与同事一起确定了可能的课程内容，也就是我们想要教授的概念和观点。这一步最重要。因为如果少了这个过程，我们就不得不在面对学生的观点和问题时才考虑下一步该怎么办，这是缺乏计划的表现。古话说："如果你不知道要去哪里，你就只能随波逐流，无所适从。"有时候，这句话很合理，但通常不适用于课堂。

4. 现在我们来考虑一下探究性教学的要点之一，即问题情境。问题情境是一种情境、经历或事物，它新颖、神秘、复杂、迷人、有趣。它们能够引起学生的注意，激起他们探究的欲望，促使他们提出问题、寻找答案。任何引起我们注意的东西，比如一块形状怪异的石头、社区内的一桩冲突、天空中的一阵雷鸣，都能够引发我们的好奇心。心理学家有时候把这些称为"差异性事件"，这些经历挑战着我们习以为常的生活、观念和假设。

（一名教师最近就遇到了这种事。有人告诉她："企鹅不在赤道以北的地方生活。"她过去一直认为企鹅们可以生活在赤道以北。因此，她开始自己探究。）后面我们会举出例子。这里需要注意的是，任何问题情境能够并且在许多情况下必须成为总结性评价的基础。学生们有权知道我们对他们的期望。

5. 接着，我们可以确定具体的课程目标。通过这个单元的学习，我们希望学生能够做什么？他们会学到本单元重要的概念和观点吗？这些建议既可以由学区课程标准、州课程标准或国家课程标准确定，也可以通过我们自己观察学生的需要、兴趣和能力来确定。

6. 一旦有了自己的目标，我们就可以着手规划教学策略。我们需要对下列环节进行规划：

A. 初始经验——介绍单元话题，在单元话题与先前知识之间建立联系，产生问题和困惑。

B. 核心学习经验——着手探究，对探究的结果进行批判性的思考。

C. 累积经验（包括真实性评价）。

7. 最后，规划不同的评价方式，包括形成性评价和总结性评价。

现在，我已经阐明了课程规划的步骤。在规划环节，我们可以独自工作，也可以与同事一起合作。很明显，每个教师对这一过程都有自己的理解。一些教师在头脑里对一个单元进行规划，一些教师则采用另外一种形式，对主要概念、目标、教学序列进行规划。

在我从美国海军退役后来到纽约市任教之前，曾有幸与布朗克斯区莫里斯高中的一名校长一起修读一门研究方法课。他是一名很出色的教育工作者，可惜我一时记不住他的名字。他指导我进行教案设计和单元设计。

我在公立学校还没有遇到在某种程度上不需要进行课程设计的教师。这种设计能够帮助教师们提前确定主要概念的重要部分。只有在蒙特克莱尔州立大学与几位同事一起工作以了解他们如何激发学生思考时，我才碰到有人说他们从来不备课，让其放任自流。

我们在阅读或旅行时可能偶尔随心所欲。但是，大部分人都需要提前思考自己要去哪里。这并不意味着我们要设计所有学生的问题，而是需要确定一个框架，将我们希望学生解决的问题纳入其中。

单元设计的样例：鱼的生命是如何开始的

年级：三年级

学生：平均水平

地点：市中心、城郊、农村、山地的一切学校

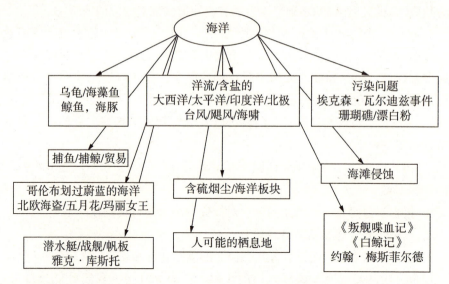

1. 概念：世界的大洋。

2. 画出所有可能的子话题和要素。

3. 考虑三年级学生及其课程：后续的学习需要哪些海洋方面的知识？州课程标准的规定是什么？学生最感兴趣的是什么？这些标准可以帮助我们从这个概念图中选出我们将要学习的要素。

你的选择是什么？下面是一些可能的选择。

——海洋生物及其栖息地

——哥伦布及其他海上旅行者

——海洋的性质：盐度、洋流、风暴

——污染问题

——不同的海洋运输方式

我们需要考虑哪些有关海洋的主要概念呢？可能有：

1. 人类依靠海洋来获得食物，进行运输。

2. 人类活动经常会改变海洋生态，或者污染海洋。

3. 气候的变化，如全球变暖，会影响海洋生命。

4. 海洋能为伟大的文学作品提供灵感。

5. 海洋和洋流会影响地球上的生命。

6. 生命起源于海洋。

借助上述列举的这些潜在的话题和子话题，我们现在可以来思考一下如何创设一种能够激发并维持住学生兴趣的问题情境了。

回顾与反思

再回头看看我们所建议的话题。在人类与海洋的关系中，你发现了哪些问题或议题？我在这里所说的"问题"是指任何复杂的、迷人的、神秘的、令人困惑的情境。回想一下我们前面所说的，一切具备"新颖性、复杂性、不确定性和矛盾性"的东西都能够激发我们的好奇心和探究欲（Berlyne，引自 Kashdan et al，2004）[294]。正如前面所说，我们可以在一件艺术品、一块奇形怪状的石头、一句违背我们的假设的论断（比如企鹅不住在赤道以北）、一张化石图片或一湾水面上漂浮着各种怪异东西的水池里找到这种新颖性。

下面是一些与海洋相关的问题情境。它们可能新颖有趣，令人困惑。

1. 海洋污染。在某些地区，这是一个很大的问题。比如说，在澳大利亚东北沿海的大堡礁，由于诸多原因，比如过度捕鱼、游艇及其汽油发动机、附近农场排出的化学物质、全球变暖，珊瑚礁已经变白。

2. 哥伦布等探险家遇到的问题，比如迷路的危险，害怕从平坦的地球边缘掉下去。

3. 飓风（海上失事的船只，对陆地的破坏，比如新奥尔良的卡特里娜飓风或佛罗里达的威尔玛飓风）和海啸（比如，2004 年东南亚地震后的海啸）的破坏性。

4. 在海底修建生活区种植粮食，同时研究所种粮食在海下生活的状况。

5. 帮助濒危物种在海洋里生存。

我们如何建构一个问题情境呢？我们需要下面这些要素：

1. 一个复杂的、有趣的、令人困惑的问题。这个问题还需要采取某些行动。

2. 具备学生可以扮演的角色，即某人或某团队面临着这项挑战。

3. 学生有机会确定自己好奇的事物，同时也有机会寻找答案。

4. 由学生执行的真实任务（问题解决、批判性思考、决策制定、反思）。

5. 最后，对学生在发现过程中的表现提出建议，做终结性评价。

让我们运用这些标准来设计一个能够吸引学生的问题情境。

我们就选择海洋对沿海地区的影响这一话题吧。我们都亲眼目睹了东南亚海啸、卡特里娜飓风、丽塔飓风、威尔玛飓风的破坏力。我现在居住于长岛。1938 年这个岛的一个地方被一场飓风凿出了一条直通辛纳科克海湾的通道。那么，我们希望聚焦的问题领域可能包括哪些呢？

1. 严重的财产损失和伤亡，就好像发生在新奥尔良那样。

2. 预警系统的有效性和可靠性。

3. 发出警报的渠道。

4. 政府官员对预警系统的回应的有效性。

5. 地方、州和联邦的应变和救济能力。

6. 灾区人口的安置。

7. 灾区救济物资的充足程度。

8. 保护或重建沿海社区。

对三年级学生来说，上面列出的条目可能太多了。但是，列出几个选项是值得的，因为我们越能够看见一个问题情境的复杂性，准备得就越充分，因而也能更好地帮助学生进行探究，得出结论。

出于讨论的目的，我们将探究集中于严重的财产损失和伤亡。在这个问题上，我们想要学生做什么呢？

1. 确定问题。

2. 收集信息。

3. 提出可能的解决方法。

4. 选择最佳方案，并解释原因。

现在，我们可以想出让学生扮演的角色。他们可能会扮演哪些角色？

1. 城市规划者、市长。

2. 普通市民。

3. 救援人员、红十字队的领导者。

4. 州政府官员、参议员、国会议员、州长。

5. 学生。

我们想象一下所有这些要素合并之后的场景：

你们是由学生、市民、地方小镇官员和救援人员组成的一个由州政府任命的咨询委员会。在美国的墨西哥湾、大西洋沿岸和太平洋沿岸，海啸或飓风对其他社区的影响与对你所在的社区的影响很相似。州长让你们设计出一套方案，来保护沿海社区的生命和财产。你必须研究出对其他地区也有帮助的方案，然后将它推荐给州长，以保护你们整个社区。记住，这些方案必须可行，要建立在以前的经验之上。

你认为三年级的学生会对此做出何种反应？我们立刻就会注意到这是一个复杂的过程，包括提问、调查、决策、提案。这个过程很复杂，以至于高年级的学生都可以围绕该主题学习好几个月。那么，三年级学生能够参与进来，并找出一些答案吗？这些答案可能涉及是否拥有充足的供给（新奥尔良那时没有），可能与救援队伍是否准备就绪相关（一些装载救援物资的汽车被堵在了新奥尔良外），可能与被困的人是否疏散有关。当三年级学生看见校车深陷水中的照片时，他们能明白在这种情况下急需司机吗？

你所教的三年级学生能够完成这种挑战吗？一名教三年级的老师说："如果给予充足的时间和资源（比如网站），同时又使用组织图，那么就会可行。"

我们当然可以想象四年级、五年级和六年级学生分别会怎么做。一旦确定了自己的问题情境，我们就可以开始规划大家都很熟悉的课程各要素了，包括目标、策略和评价。

我们的目标可能如下：

A. 使学生能提出好的问题，并开始研究以找到答案。（在这里，我们将重心放在了探究本身）

B. 知道一项紧急事故中一切有用的社区服务，对每项服务都很了解。

C. 设计合理使用物资的计划。以其他社区为例，来说明应该做什么，不应该做什么。

D. 指出这个计划应由哪些官员执行。

E. 理解官员之间的相互关系很重要，比如沟通。

F. 提出操作性的计划，回答有关这项计划的问题（比如，倘若……会……）。

我们的策略可能包括下面这些：

A. 设计初始经验。它包括向学生介绍社区的概念（也许可以分析作为社区的学校或小镇），引入问题情境。或者是让学生看海洋风暴的图片，让学生知道海洋风暴如何摧毁一个社区。

B. 提出问题，并将问题组织起来以供研究。

C. 开发核心学习经验。在这个环节里，我们与学生分享重要的新信息。课程内容可以是社区的性质、不同社区的比较、重要组织结构（比如火警、警察、医院、救援队伍、军队）的讨论及其它们在遭遇紧急事件时会如何反应。或者，课程内容也可以包括风暴、天气形势及其变化以及卡特里娜对新奥尔良及其周围社区为何造成如此破坏。

D. 提供时间进行研究，批判地分析信息，然后得出结论。

E. 制作一个有用的评估准则，用来自我评价最后的项目建议方案。

F. 与同伴（有可能是四年级的同学）分享你的计划。

G. 修改计划，形成终期报告。

H. 准备评估。评估应该包括对这个问题情境的终期报告和探究日志。探究日志记录了任务、问题、评论、研究发现、建议和反思。

现在我想谈一下"真实性评价"。格兰特·威金斯对此做出了清晰的说明。提到"真实性评价",大部分人想到的是我们在校外世界所完成的且对智力具有挑战性的任务。威金斯也认为它涉及问题解决、原理运用,以及应该做什么和如何去做。也就是"智力活动三水平图"中水平Ⅰ和水平Ⅱ的所有任务(见图3.2)。

此外,威金斯(Wiggins,1998)建议,为了让这种评价具有真实性,学生应该有机会去实践、练习、查阅资料以及获得反馈。尽管在正规的学校教育中我们一般不考虑这些,但是完全合理。在学校,学生参加考试,获得一个分数,然后这个分数被记录在册,没有修改的余地。但是,在成人世界,当我们需要解决问题时,我们会得到信息,然后设计一系列解决方案,并与我们信任的人分享以便在行动之前得到反馈。

因此,学生也应该有机会去探究沿海受灾这个问题,提出一些解决方法,形成一个方案,并与同年级或高年级学生以及成人分享这个方案。

我们如何帮助学生获得与自己的观点有关的反馈呢?

1. 让学生在项目结束的前一星期进行汇报。将学生的汇报录下来,让他们观察自己的表现。在这一实践环节中,要鼓励班上的同学用"倘若……会……"的方式提问。考察汇报人对这些问题的回答能力是测试其理解力的一种方式。

2. 与学生一起设计一套简单的评估准则。学生们可以运用它来进行自我评估。

3. 阅读学生的探究日志,因为里面记录了他们解答问题的过程。

4. 用反馈表让学生记下家长的评语。

5. 其他。

小 结

我们将在第7章再来阐述如何评估学生的学习。但是,我要重点强调一下,在进行单元学习之前,我们要清楚地了解我们希望学生达到的理解深度和广度,这点十分重要。

所有这些规划都集中在我们确定能够引发探究活动和批判性思考的事物上。"提供不一致的情境,提供新颖或令人惊奇的事物。至于什么东西是新颖的、令人惊讶的、不一致的,要取决于儿童的发展水平和具体经历。"(Copple et al,1984)[244]

> "提供不一致的情境，提供新颖或令人惊奇的事物。至于什么东西是新颖的、令人惊讶的、不一致的，要取决于儿童的发展水平和具体经历。"（Copple et al, 1984）[244]

问题解决是提升儿童认知水平的关键之一。"首先要考虑的是给儿童提供一些重要的、有意义的、具有挑战性的问题。问问他们的想法，同时承认这些能提高学生的自我效能感，能让他们有机会发现提出观点是多么有趣。"（Copple et al, 1984）[246]我还要加一句，提出问题也一样有趣。

因此，创设与运用问题情境是激发学生兴趣、发展学生智能的一种重要方式。

问题情境的例子

幼儿园和一年级

你是一个来自遥远星球的宇航员。你肩负着探索地球上所有生命的重任。你的任务是研究自己选择的某些生物的特征，同时辨认出你在地球上找到的非生物。你要找出生长和生存所必须的基本需要，然后比较这些需要与非生物的需要有什么不同。你需要通过一本合作编写的书或图册学习生物以便了解它们的栖息地以及基本需要。

一年级（特殊教育）

你是一个正在找工作的气象学家。国家广播公司想雇用你，但是他们需要确认你是否了解水文循环。他们需要看你的观察记录，还需要你实验前的预测和实验后的结果。最后，如果你画出了水文循环图，就可以得到 1000 美元的加薪。

二年级

你是校长咨询委员会的成员，负责为学校操场的重新设计提供咨询。检查一下我们现在都知道什么：现在操场上都有哪些运动器材？确定我们还需要什么。你如何收集信息？从哪里收集？然后设计一个理想的操场。画出一个计划草图。想想你将如何向校长和家长们陈述这项计划。你要说明为什么你推荐的每件运动器材都应该放在操场上。

二年级

卡特里娜飓风摧毁了新奥尔良市。你所在的小镇被选为模范社区来帮助新奥尔良市的重建。想想你自己所在小镇和其他小镇如何满足社区居民的需要。拟订一个重建新奥尔良市的计划。你的计划将提交给镇议会来审批。

你可以

* 画一张海报；
* 做一个模型；
* 列一个清单；
* 做一个小册子；
* 编一个短剧。

你应该展示如下方面的知识：

* 什么是社区；
* 社区的需要；
* 人们共同工作，相互依赖。

三年级

为了保证你所选择和研究的动物或植物依旧能生活在海洋里，你得负责寻找一种方式来阻止海洋被破坏。你必须找到一种方法来证明你保护海洋的办法不仅能帮助你所选择的物种，还能帮助海洋里的依赖这个物种生存的其他生物和非生物——相互依赖。

五/六年级

"你是一个地球学者，受雇于某出版公司去写一本有关地貌的入门书。他们把你送到世界各地去研究和调查大陆和海洋的地貌信息。当你返回后，你要编写一本给未来五年级学生用的有关地球演化过程的书。"

"你需要按字母顺序记下所有的观点。在日志里，你要记下你已经知道的信息、你在这个过程中学习到的东西以及你仍然十分好奇的东西。"

"当旅行结束后，你也就完成了所有的研究，并且会有足够的资料来编写一部精美的字母书。书中全部是有关地貌形成的知识。"（Kim Nordin，Rosewood Elementary School，South Carolina，Grade 5）

金姆写道："我们发现学生们对这个活动很投入，因为他们一开始就知道自己最终要完成什么任务。这就赋予了他们重点、动力和激情。当他们在质疑和研究地貌时，他们真的被看作一个个探究者。此外，学生被允许制定书的评估准则，他们就感觉对这个项目学习拥有自主权了。"

五/六年级

在学习阿巴拉契亚地区的文化和地质这个单元时，你是一位年轻的经济学家，正在了解全国的各个地区。你发现生活在阿巴拉契亚地区的人们经济条件很差。你有很多问题，比如，当经济条件很糟糕的时候，为什么人们会继续待在这儿？为什么经济状况会变得如此恶劣？

当你在设计一个经济复兴方案时，你还需要回答哪些问题。你必须考虑好几种方案，然后用充分的理由和其他社区经济发展的例子来支持自己的方案。（Barell，2007a）[63]

六年级

你是一个技术专家，最近被招到圣海伦斯山附近的一个小镇上了。地质学家预测近期这里会再次出现火山碎屑流（就像 1980 年那次一样）。这种自然灾害会夺取千万人的生命。因此需要发明一种保护性装置来抵消这种现象的破坏力，以保护生命和财产。

另外一种以"你是……"为开头的情境，它还包括下述要求：

现在的高中生需要为拟定一项草案做好准备。（我把它作为五年级学生在学习美国宪法时的一个问题场景。一场激烈的争论由此引发。争论的问题涉及他们认为自己知道关于宪法的哪些知识，他们的权利和义务，立法机关与执法机关的权利和义务。我说校长收到了一封来自总统的信，信上陈述了总统的新政策。以此引入了讨论的主题。）

以"倘若……会……"为开头的情境：

倘若你所在州的州长认为你们的小镇和其他几个小镇太拥挤了，需要你找一个合适的位置新建一个小镇。他想知道我们需要哪些社区服务，为什么需要这些社区服务，以及如何提高这些社区服务？（我把这告诉给正在学习社区知识的二年级学生，并把它当作一种形成性评价。有趣的是两个不同年级的学生似乎都把重心放在了一种服务上，比如治安或医疗。）

实践机会

1. 选择一个你已经教授过的单元，为它创设一个问题情境。

2. 选择一个你将要教授的单元。绘制概念图，然后进行筛选，最后设计出问题情境。

3. 前面的哪些单元包含了培养好奇心的成分，或者是包含了能激发学生去探究和思考的成分？可以参考图4.1。

4. 生活中的哪些物体、经历或人物激发了你和你的学生的好奇心？

5. 思考一下问题情境的其他变形：

A. 提出一个论断以激发学生的好奇心，比如："海洋永远不能从我们所造成的破坏中恢复过来。"

B. 使用"倘若……会……"的方式发问。比如，"倘若生活在美国的每个人都需要有一个内置电脑芯片的ID卡，卡里包含住址、健康、工作、停车罚单等信息，那会怎么样呢？"

C. 你可以在《以问题为中心的学习：一种探究性学习方法》一书中找到更多信息。

开发教学单元：什么时候会混乱？

在一个四年级的课堂上，我坐在学生中间。他们正在观察我分发的海贝。这些扇贝壳来自长岛海滩。我前面提到过多年前那儿有很多扇贝壳，但是现在却几乎绝迹。因此，前后存在差异。这里的贝壳究竟怎么啦？我与学生分享自己对这一变化的好奇和困惑。这又是一个关于什么能够激发好奇心和探究欲的例子：新颖、复杂、困惑、矛盾、出乎意料（参见第 2 章）。

我希望学生能成为优秀的观察者，注意到扇贝壳的大小、形状、颜色、颜色分布和贝壳外面的螺纹。在这里，我示范如何让学生对提问感兴趣，将其作为自然资源这个单元的导入部分。

当孩子们开始观察贝壳时，他们变得兴奋了。他们是如此兴奋，以至于整个课堂似乎都无法控制了。我对此感到惊讶，因为不仅他们的教师坐在这个小圈子里，还有其他 4—5 个教师以及校长都在旁边。

这里有各种噪声、尖叫声和说话声。"看这些颜色……它来自海洋吗？是的，所有贝壳都来自海洋……贝壳里面住着什么东西？"，等等。

之所以提这段情境，是因为这位教师对学生们的行为感到尴尬。会后，我们所有人都安慰她。我们告诉她，当你给孩子们某种新颖的东西去观察和玩味时，他们更容易以超乎意料的方式来展示他们的热情。顺便说一下，她两次进入我们的小圈内，让两个过度兴奋的学生安静下来，集中自己的注意力。我前面已经提到过坐在圆圈两端的那两个索马里学生。在我们开始讨论自己的观察和问题时，他们两个继续安静地观察着，同时也悄悄地分享彼此的问题。我们中的一些人对于教室里这种混乱局面尚无准备。坦白地说，我多次努力重新唤回学生的注意力。

让课堂向学生的问题开放，并迎接由此带来的管理上的挑战，成为单元教学的一部分。但是，不是所有人都对此感到舒服。我们需要时间来适应这种探

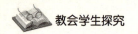

究，找到能够掌控探究活动的方法。

解决问题的多种方式

一旦我们参与到第4章所描述的那种单元规划，我们就不会只有一种方式来开始单元学习。在我《以问题为中心的学习：一种探究性学习方法》一书（Barell，2007a）里，我提到3种以问题为中心的学习方式：教师主导型，师生合作型，学生独立探究型。

教师主导型的学习方式	师生合作型的学习方式	学生独立探究型的学习方式

以上方式也可以分别称之为结构化的探究、有指导的探究和独立研究。

划分标准的背后就是"控制"这个概念。即谁在教学中控制着决策过程。这个问题归结为以下要素由谁控制：

- 内容
- 课程目的和目标
- 策略
- 资源
- 反馈的手段和评价
- 评分的标准

你会发现，在教师主导型的学习式中，教师控制着所有决定权。在师生合作型的学习方式中，我们可能会与学生商量某些要素。在学生独立探究型的学习方式中，大部分决定由学生做出。学生们在一个独立研究的项目学习中互相合作或独立完成作业。

在教师主导的探究活动中，教师提出问题，有时也可能让学生提出问题，然后，我们尽力来解决这些问题。

师生合作的探究活动中，学生提出的问题与教师的问题一起构成教学内容的主要成分。我们提供资源，学生可以利用这些资源来解决自己的问题。

在独立的研究活动中，学生自己选择问题。在我们的鼓励和支持下，互相合作或独立完成作业，以找出问题的答案，并分享研究发现。

回顾与反思

哪些因素决定了你可能选择哪种方式呢？你认为哪些核心变量会影响你的

选择？

下面是我想到的一些因素：

1. 教师对各单元的教学经验和对教学本身的经验。当我们教授自己缺乏教学经验的单元时，或者当我们刚开始从事教学工作时，由于多种原因我们可能更倾向于结构化的探究。

2. 学生的成熟水平、合作能力及从事探究的经验。（参见第 3 章）

3. 学习单元的性质。有些单元比其他单元更需要我们的问题和目标的指导。如果需要学生深刻理解核心概念时，教师的指导可能要更多（比如：人类细胞的性质；进化的性质；写一个自己的故事）。

4. 当学生提出我们不知道答案的问题时，我们的心理适应程度；我们对掌控一种更开放的方式的自信程度。这个更开放的方式，需要我们对学生的问题做出回应，同时将其纳入我们的长期规划中。

如果我们能够容忍模糊性、开放式的调查以及我们自己不知道答案的问题，探究就更容易发生。如果我们需要在单元教学前就知道所有问题的答案，就无法开始下面所描述的经历。对于一些人来说，这种转变需要很长一段时间。因此，探究性教学并不是获得新的教学素材和改变教学策略。这些很重要，但是更重要的是，我们的情感和内心要对这种变化、模糊性和新颖性感到舒适。

5. 你可以想出的其他标准。

一个教师主导的单元学习——海洋

让我们继续思考第 4 章开始讨论的海洋单元，说明在这一单元学习中大部分的决策如何可能由教师负责。我们之所以选择这种方式，是因为我们从来没有教过这个单元，学生的各种问题令我们感到不适。我们也不确定如何帮助学生从基本问题过渡到杰西·麦基所说的"更深层的、更哲学的"问题（参见第 1 章）。

核心概念：世界上的海洋

有用的观点：动植物；海洋的力量；沿海社区……

核心问题：海洋是如何运转、运动或循环的？

什么生活在海洋里？它们是如何生存的？

海洋如何影响地球上的生命？

社区如何为各种海洋事件做准备？

如何提出关于自然界的好问题，如何寻找合理的答案？

目标

1. 描述海洋生物如何在海洋环境中生存。

2. 比较不同的洋流和大洋风暴。

3. 分析和评估海洋影响人类生活的不同方式，包括积极影响和消极影响。

4. 指出如何帮助地方社区，使他们能够免受海洋灾害的侵袭，比如飓风、海啸、台风和海洋污染。

5. 能够提出和回答有关海洋和洋流的性质及其对人类的影响的问题。（这个目标可能在师生合作的单元学习中更重要，我们在后面会描述到。）

导入——一段珊瑚礁的视频

如何让学生对这样一个单元感兴趣进而开始探究和学习？在问答这个问题之前，我们先回到第 2 章，了解什么是好奇心以及如何激发好奇心。回想一下能培养探究意识的事物所具备的几个要素：新颖、复杂、疑难、困惑。

在《黏住——为什么我们记住了这些，忘掉了那些》一书中，希斯夫妇（Heath C & Heath D，2007）将出乎意料和具体性也作为两个有用的因素。比如说，好奇心源于已知和未知之间的鸿沟。但是，如果我们没有足够的知识来开始探究呢？那么，你不得不学习更多的知识，从而把深渊变成鸿沟。

教育工作者认为，"深渊"其实就是缺乏已有知识。我们能做些什么呢？"引起人们关注的方式就是提供一个情境……意思是说为了让学生参与到一个新的主题中，应该从他们已知的事物入手。"

我们可以用图片、幻灯片、报纸文章、艺术品等一切事物达到这个目的。比如说，当谢丽尔·霍普尔打算用 KWHLAQ ✍ 探究策略对非洲这个学习单元进行教学时（Barell，2003，2007a），她花了两天时间向九年级学生展示有关非洲文化的幻灯片，不仅展示了其文化多样性，同时也展示了其地貌多样性，比如沙漠、森林、大平原、山地。接着，将幻灯片上的这些信息与他们已有的知识联系起来（"我们知道有关非洲的哪些知识？"见图 5.1）。

我们现在做的事情，就是为学生提供一个学习情境，同时帮助他们明确自

✍ KWHLAQ 是知道（Know）、想（Want）、怎样（How）、学习（Learning）、行动（Action）和问题（Question）的集合写法，被称为 21 世纪自主学习的范式。——译者注

已对这个话题已经知道了哪些。我们能够以不同的方式开始。但是，我认同的一种方式是在引入一个问题情境前，要提供给学生有关海洋方面的丰富的视觉信息。

我们可以采用来自美国自然历史博物馆的一段讲述珊瑚礁的视频作为单元学习的开头。这段视频在博物馆里全天播放，同时有克罗斯比、斯蒂尔、纳什等人演奏的绝妙的背景音乐。对于一个有关海洋里发生了什么的问题情境来说，这段视频一定是一个好的开头。

当然，如果你们住的地方离美国自然历史博物馆不远，你们可以把参观米尔斯坦海洋馆作为本单元的开头。（你也可以将这个参观作为单元学习的结尾）。如果不能参观博物馆，可以上网获得一些很好的资源（http://www.amnh.org/exhibitions/permanent/ocean/?=e_h）。在这里，你可以参观不同的生态系统，从极地、河口地区到海底深处。

你也可以带一些来自海洋的东西，比如贝壳、鱼的标本、被摧毁的海滨社区的图片，然后开始第 3 章中所描述的过程——观察、思考、提问。我已经用过海贝、火山岩、恐龙化石的图片、艺术品的图片。你可以用任何东西，只要它能够引发学生的参与热情，引发他们对某个东西或问题情境的兴趣。

紧接着，我们就可以讨论孩子们看见了什么，他们喜欢什么，对什么感到好奇，什么东西让他们入迷和吃惊。

学生的问题

当我们看一段海洋视频或一张海洋照片时，当我们参观一个博物馆或去海边进行短暂的实地考察时，学生会观察到许多新的东西，比如贝壳、鱼、软体动物、珊瑚礁、海洋污染的影响，等等。

他们自然会提问。我们要给他们提供时间和机会，让他们分享各自的想法和疑惑。在观看一段视频后，一场讨论能够为学生提供很好的机会去分享他们观察到了什么，对什么感兴趣。

他们可能想知道下面这些问题：

1. 什么是珊瑚礁？它们为什么是白色的？我们如何帮助它们？
2. 海洋有多深？
3. 地球上有几大洋？
4. 海洋里有多少种鱼类？
5. 我们能够吃的鱼类有哪些？

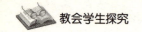

6. 飓风是如何形成的？为什么存在飓风？

学生们的问题能够也应该被接受和记录，同时还应该粘贴在教室里。为什么呢？因为当我们在进行单元学习时，我们能够找到其中甚至所有问题的答案。

在这里，我们不会把其中一些问题纳入课程目标，也不会给学生机会对问题进行分类排序，以找出自己最想研究的。但是，我们可能会让学生说出他们认为哪些是好的问题。如果他们能够区分出来，我们可以将其单独放在一张活动挂图上以供后面参考。(参见第6章)

但是，这些问题可以帮助我们适应学生提出的各种问题。通过将它们张贴在教室内，在学习海洋及其对沿海社区的影响时，我们可以回答其中的许多问题。我们也可以鼓励学生自己寻找问题的答案，给他们提供机会分享自己的发现。

问题情境

下面又是我们的问题情境：

你们是由学生、市民、地方小镇官员和救援人员组成的一个由州政府任命的咨询委员会。在美国的墨西哥湾、大西洋沿岸和太平洋沿岸，海啸或飓风对其他社区的影响与对你所在社区的影响很相似。州长让你们设计出一套方案，来保护沿海社区居民的生命和财产。你必须提出对其他地区也有帮助的方案，然后将它推荐给州长，以保护你们整个社区。记住，这些方案必须要可行，要建立在以前的经验之上。

我们与学生分享这个问题情境。通过问以下这些问题，我们鼓励他们参与进来：

1. 这个情境对你来说意味着什么？州长让你干什么？

2. 为了明白我们要做什么，我们要提出哪些问题？(在这里，我们开始鼓励学生像专业人士一样去思考，进而了解这个问题情境。)

3. 我们如何知道自己应该做什么？

有了这些问题和问题的答案，我们接着就可以开始制订教学计划了。要注意我们制订计划的过程中就已经考虑了大多数学生的问题了。如果我们对教学计划做了充分准备，就没必要对学生有兴趣的问题感到惊讶了。

核心学习经验

我们已经设计好教学序列（参见第4章）。它可能包括下面的几个要素：

1. 采用不同的资源，以帮助我们达到目标。

2. 把书本、视频和米尔斯坦海洋馆的网址（http://www.amnh.org/exhibitions/permanent/ocean/?＝e_h）都作为资源。与学生一起搜索其他有关海洋生命和飓风影响的网址。

3. 直接教授我们认为重要的概念。内容：海洋、洋流、风暴的性质。过程：如何分析从不同渠道获得的信息，区分事实和价值判断；如何评估网络资源、得出合理结论、提出好的问题以及避免抄袭。

4. 标出墨西哥沿岸遭受卡特里娜飓风和丽塔飓风影响的社区和美国其他的沿海社区，以及东南亚的沿海社区。

5. 与地方紧急事故预备人员一起讨论如何为一场风暴做预防工作。

6. 在探究日志中记下你所学到的东西，比如新问题或针对其他问题的答案。

7. 花时间想出问题的解决方案。

8. 花时间分享你最初的想法，以得到反馈。

终期报告

对问题情境有一个清晰的界定，有利于陈述我们将要达到的目标。如果我们已经开展了上面所描述的一些学习活动，就要让学生准备向那些对此感兴趣的人（比如，四五年级的学生、地方紧急事故预备人员以及父母）汇报他们的最终方案了。

我们要考虑采用多种方式让学生来分享他们的发现，比如书面报告和口头报告、视频、小组讨论、海报、戏剧、日记，等等。

当然，我们还可以用其他方式来评估学生理解的深度和质量：

1. 阅读他们的探究日志。

2. 从他们最终的方案中截取一两段话，让他们解释自己是如何想出这个点子的。

3. 学生的与此相关的其他写作。比如，海洋生命的类别及其生活环境。

4. 你能够想到的其他方式，比如小测验、报告等。

通过这些简短的描述，你可以发现该过程中所有重要的决定都由教师掌控。但是许多时候，教师仍然鼓励学生提出好的问题，比如在导入环节之后，在问题情境之后，在学生拜访了当地专家后。我们的探究日志对记下这些探究活动和作业很有帮助。

吉尔·莱文是查特诺加市博物馆磁石学校的校长。她把探究日志称为旅行日志。她的学生在每个长达 9 周的学习单元中都备有一个日志本。我相信这已经成为对学生的学习过程进行形成性评价和总结性评价的重要组成部分了（Levine，2007）。

用这种方式开始探究的好处在于我们有机会让学生提问，但是不需要回答他们的问题，不需要把学生的问题纳入单元目标。我们有充足的时间来提问和反思，也可以与学生讨论他们的问题和答案。采用这种方式时，探究墙（Wonder Wall）能方便地记下学生的问题。学生能够把自己的问题写在便利贴上，然后贴在活动挂图上。方便的时候，我们可以思考这些问题。

因此，对教师来说，这种方法是进行探究性教学的极好入门方式。我们需要时间来适应让学生有更多的机会参与、自己学习的教学方式。

师生合作的探究活动

现在，我们继续说另一种方式。尽管它让学生有更多的决定权，但是我们可能看不出它与前一种方式的巨大差异。

在这里，我们可能会发现 KWHLAQ 探究策略很有用。在导入环节后，我们可以问："我们已经知道有关海洋的哪些知识？海洋生物呢？海洋灾害呢？"这些显然是不同时期的三个不同的问题。我们可以记下学生所有的回答，将它们画出来（见图 5.1）。

K："我们已经知道有关这个主题的哪些知识？"在这里，我们要征求和记录所有学生的意见，在我们看来，这些意见有些是基于事实的，有的可能是误解。我们需要一份学生已有知识的记录（Heath C & Heath D, 2007; Marzano et al, 2001）。因为帮助学生了解他们已有的知识，帮助他们在即将要学习的主题与已有知识之间建立联系，这对于学习新主题很重要。我们之所以强调"我们已经知道了什么"，是因为我们想告诉学生，我们可能存在一些误解，我们要承认它们，并最终改正。

W："我们想要些什么、还有哪些是需要我们找到的？"我们不仅对学生接触到的最初经验（如前文提到的珊瑚礁视频）中那些曾经有可能激发了学生好奇心的东西感兴趣，同时，如果我们想要解决某个问题或是针对情境想出某种办法时，我们对学生头脑中"我们目前需要确定什么"的考虑也是很感兴趣的。在这里，我们鼓励学生去扮演科学家、历史学家等角色。

H："我们如何着手找到问题的答案？"这是迈向独立思考和独立行动很重要的一步。我们不仅要让学生提出好的问题，还要让他们知道哪些资源能够帮助他们找到答案。在这里，我们也可以问："我们如何组织自己去寻找问题的答案？比如说，利用时间寻找资源、进行规划、合作学习、汇报发现。"在这一步，我们也会对所有问题进行组织、排序、整合、删减。

　　L："在探究过程中，我们学习了什么？经过探究后，我们学到了什么？"当我们发现新的信息，就得问自己这个问题。这很重要，因为它会促使我们提出更好、更具体、更综合的问题。

　　A："在探究后，我们要采取哪些行动？"这是我们总结性评价的一部分，因为对这一问题的回答显示出对概念和观点的理解深度。我们可以将这些概念和技能应用于其他科目的学习以及校外的生活。

　　Q："在学完这个单元后，我们有哪些新的问题？"很显然，新信息会引发新问题。在单元学习的结尾，我们应该留时间来思考这些新问题。新问题既涉及内容层面，也包括过程层面。我们可以把它们带到未来的单元学习中，让学习处于螺旋上升的状态。

图5.1　长期的探究策略

　　现在，我们可以采用不同方式。我们与学生可以分享和讨论问题情境，同时问："如果我们要完成州长给的任务，我们需要知道什么？哪些问题能够帮助我们找到答案？"

　　或者，我们可以把问题情境省略掉，把学生所有的问题和我们自己的主要问题作为本单元的核心。如果采用这种方式，很显然，我们需要花很多时间来组织学生的问题，将它们整合到我们的问题中。让学生的问题围绕着教师的问题，就好像行星绕着太阳转那样。

　　这些问题可以成为学习的焦点，来帮助我们理解世界上的海洋。既然我们已经完成了教学计划，就为大部分问题做好了准备。通过给学生提供一个学习情境（用图片、视频等），我们可以进一步使学生做好准备，让他们沿着特定路线进行探究。如果我们打算学习珊瑚礁，就不要选择那个视频。如果我们将重点放在风暴及其对社区的破坏力上，就应该提供这种情境。

　　由于我们还有涉及海洋生命及其栖息地等主题的目标，所以还得提出有关这些主题的问题。或者，我们可以只在导入问题情境这一环节引出学生的提问。

　　"如何处理学生提出的所有问题？"

　　经常有人问我这个问题。老师们告诉我他们在自己二年级或更低年级的班上做了如下事情：

1. 将所有学生的问题收集起来，放在流动挂图或白板上。

2. 采取合理的方式将学生分组。鼓励他们审视所有的问题，"找出那些可以放在一起的问题，找出那些寻求同类信息的问题。"这是很不错的分类任务。

3. 然后，我们让学生对这些问题进行组合，使其更广阔、更清晰。这是对问题进行组合和概括的非常好的尝试。

4. 接着，依据这些问题对科学家的重要程度和学生感兴趣的程度等，我们让学生对这些问题进行排序。在这里要鼓励学生批判地思考问题：哪些很重要？为什么呢？学生们可能也明确自己想研究哪些问题了。

5. 然后，标出学生们最想探究的问题。

这时，我们可能会发现学生提出的问题实际上有可能与我们的主要问题、支持性观点和课程目标一致。学生们的问题很可能有助于我们到达预先设定的目标。我们可以把所有的问题都放在流动挂图上，把它们粘贴在教室里。

在这个阶段，我们也可以问学生："什么问题是好问题？它们有什么作用？它们看起来什么样？是什么让一个问题成为好问题？"我们可以在当下的单元学习中标出他们的好问题。慢慢地，学生就会发现，好问题有时候无法仅仅用"是或否"来回答，它们会促使我们进一步明晰自己的问题，去发现事物为何存在，去预测接下来会发生什么，等等。一条好的经验就是在课堂上制作一个好问题的列表，以供学生在不同时候使用，比如阅读报纸文章、观察自然事物、思考一个短小的故事时，等等。(参见第6章)

6. 最后，在这个阶段我们应该问学生："我们如何开始回答自己的问题？"这涉及 KWHLAQ 探究过程中的第 H 步。

这种方法最大的好处在于学生们不仅能提出自己感兴趣的问题，还能够知道如何回答这些问题。与提出问题一样，寻找答案也是终身学习的一种技能。我们能让学生明白如何回答自己提出的问题。这种技能是他们在家里、在暑假、在走上工作岗位后都需要的。

这些问题之所以会改变我们的课程，是因为我们必须抽出时间来回答这些问题。这就意味着我们要分配时间和提供资源让学生进行探究。前面我们已经提到了学生可以获得丰富的资源，比如网络、当地权威、书本、视频、父母等。

在给定的时间内，我们必须做下面的事：

1. 让学生每周在教室、媒体中心或机房中使用电脑。每次上网后，都让学生在教室里讨论他们学到了什么。让他们在探究日志里记下自己的笔记和问题。

2. 每周在合适的时候上几节教师主导的课，内容涵盖洋流、全球气候变化、海洋保护、海洋生命的多样性等话题。这些话题都与我们的主要问题相关，它们对于学生理解自己的问题的答案至关重要。

3. 让学生讨论他们将如何处理已有问题的答案和新问题，从而调整起初的方案。

4. 与学生一起制定一套班级评估准则，来评价有关海洋风暴的解决方案。学生们需要知道哪些东西很重要，需要知道如何从内容知识、探究过程、语言运用技能等不同方面评价自己的学习。与学生一起制定评估准则能够让他们感觉到对自己的学习有更大的掌控权。（参见第 7 章）。

与三到六年级的学生一起学习这个单元是令人兴奋的，这主要是由于学生们从自己的问题和教师的问题中学到了东西。

作为探究空间的媒体中心

布鲁克林区的 106 学校有最新的媒体中心，也是学校的图书馆。在这里，学生们可以在电子屏上查阅自己的探究成果。电子屏上也有许多学生提出的问题：

- 人为什么会改变？
- 天空的尽头在哪里？
- 树需要睡眠吗？
- 为什么黑色意味着沮丧？
- 动物和人去同一个天堂吗？
- 风是如何形成的？

在这个极好的图书馆里，学生们可以阅读、提出问题、回答问题。

就像 106 学校这样，将探究问题和成果向全校公布，这是培养探究品质的绝好方式（Schibsted，2005）[25]。

如何为回答问题获取资源

我现在还记得安·怀特所教的四年级学生使用 KWHLAQ 对岩石进行探究的情景（参见 Barell，2003，第 8 章）。我对这个单元的学习进行了录像。我清楚地记得所有的学生。一些学生坐在电脑前尝试着弄清不同岩石的区别；一些学生在家里通过 Google 和 USGS 搜索到加州沿海地区的怪石图片，将它们打印出来；一些学生正在向我的同事乔纳森·林肯博士（蒙特克莱尔大学地球科学学院的院长）提问：

"最大的岩石是哪块岩石？"林肯博士回答道："你有没有听说过一个叫《笑星撞地球》的电视节目？所以，地球是最大的岩石。"

"哪种岩石最重要？"（林肯博士继续解释火成岩的大量沉积，以及它们对道路建设和其他工程的重要性。他说："在地球上，来自火山岩浆的玄武岩是我们最熟悉、最容易开采的岩石。"）

我最感兴趣的一个问题是："如果没有火山，会对岩石有影响吗？"林肯博士用手来演示密度更大的大洋板块俯冲到密度较低的大陆板块下面，然后解释这样的俯冲如何形成了岩浆和火山。他的观点是运动的板块不仅极大地影响着山脉的形成，也影响着地球上的一切生命。尽管"精神号"和"机遇号"这两个火星探测器发现火星上存在水的痕迹，但火星仍然是一颗没有任何板块结构的、无生命存在的行星。

我想起了罗宾·凯西所教的五年级的学生。为了准备去城市采访那些经历过"二战"的人们，他们相互提问。他们练习提出好的问题，练习倾听以及追问。

我也想起了克里·古兹曼所教的二年级。他们正在学习一个主题为社区和自然灾害的单元。这个单元创设的问题情境是让学生知道如何重建新奥尔良市（本书最后一章有她设计的问题情境）。在此过程中，一个学生向她提出这样一个问题：

"当我们采访时，我们如何让采访对象告诉我们更多的信息？"

正如克里评论道："多么好的一个问题！"我认为，我们经常低估了学生的能力，尤其是二年级的学生。

我想起自己与布鲁克林区 238 学校几个班的学生一起工作的情景。玛格丽特·舒尔茨是这个学校的校长。在与这几个班在一起时，我还在美国自然历史博物馆工作。我向这几个班的孩子示范 KWHLAQ 探究策略。我带了一些太阳系的幻灯片和一张银河系中心的黑洞图片。（访问 www.google.com/images 你可以找到一些极好的照片）

我们提出了很多问题。为了找到问题的答案，同时提出更多的问题，我们把其中一些问题带到美国自然历史博物馆的海登天文馆。我记得一个七年级学生提出了一个新问题，"黑洞为什么会穿越太空？"她写信给一些天文学家，最后得到了一个满意的答案（由于宇宙大爆炸，太空不断在扩张）。

参观完这些后，一个五年级的班级确定了他们的终期报告。我对他们有关火星、哈勃望远镜、仙女座以及其他太空之谜的汇报感到满意。

我们会在后面进一步讨论评价。但是，我在这里要强调的是，我们如何向学生提问，才能使他们展示出自己对核心概念的理解，往往取决于我们起初使用了什么样的导入环节和问题情境。

正如前面所说，如果我们决定不采取以问题情境的方式引出单元主题，就可以在教授核心学习经验时向学生提问，"如何证明你了解了自己和他人的问题的答案？我们如何知道你理解了世界上的海洋这个学习单元中最重要的观点？"在这里，学生们会自己提出观点，提出供自己使用的评估准则。

为了让这个单元的学习有效，我们要对新的答案和观点保持开放，要适应模糊性和轻度的混乱。我们要知道，一旦让学生参与决策过程，无法预料的事件就会发生。这是令人兴奋的一部分，也反映出学生对这种方法的认可。

蝴蝶走路吗？

KWHLAQ探究策略可能会为你提供真实的机会，让学生以这种无法预料的方式参与进来。比如说，托利·保罗是加利福尼亚州圣罗莎市的一名幼儿园教师。她经常思考如何将学生的错误观念纳入KWHLAQ探究策略中。她最近写信告诉我：

读了《培养一颗更好奇的心》一书后，我被KWHLAQ所吸引，我意识到它能够帮助我解决如何处理错误信息这一问题，也能够帮助我将探究纳入教学。最近，我在国际文凭班引入了"分享行星"这一主题。我们对世界上不同种类的生命进行了探究。一天，我带来了小苎麻赤蛱蝶的图片。但这次我没提问他们："我们知道毛毛虫和蝴蝶的哪些知识？"而是问他们："你们认为我们知道有关蝴蝶哪些知识？"这一问一下子引发了学生的猜测和提问。

现在，托利对有关蝴蝶的猜测问题更开放了。下面就是一个例子：

当李莎特说蝴蝶会走路时，争论之声顿起，整个教室就像炸开了锅。所有眼睛都转向了我。他们所有人都问我："是真的吗？是这样吗？"当我告诉他们我也不知道时，他们感到很惊讶。这是一个我将学习掌控权交给学生的绝好机会。与那种信息由教师单向传授给学生的传统模式不同，我告诉学生他们有寻找问题答案的能力。

然后学生问："我们如何来回答自己的问题呢？"最后，他们决定在蝴蝶生长过程中对其进行观察。

我们看见了蝴蝶伸展吻管吸食花朵上的琼浆。李莎特还记着那个问题。一天，在观察过程中，她惊喊道："蝴蝶在走路！蝴蝶在走路！"的确如此。蝴蝶生活在封闭的空间里，它们匍匐在花朵上，晒着太阳，为了交配而缓缓地靠近对方。我们为自己找到了问题的答案感到很高兴。当我们把蝴蝶会走路这一条添加到记录卡中时，教室里充满了欢乐的气氛。

托利打开了自己的思路，她问学生"我们认为我们知道什么"，进而拓展了学生的思路，并思考起初认为是错误的那些观点。

学生独立的探究

在学生独立探究型的学习方式中，我们的情况很乐观。在这种情况下，学生是成熟的，他们能够单独或一起提出问题，进行研究，寻找解决方案。

我们如何组织学生的这种学习呢？

我认为下面三个问题是一个很好的模型：

设计

"我们的问题是什么？我们打算如何回答它？"为了把我们组织起来，为了安排好个人和班级的时间，为了获得校内外资源，我们需要采取哪些步骤？我们如何分析收集到的信息，如何把终期汇报合在一起，在这个阶段，写出计划是一个不错的主意，包括问题、资源、时间表、任务完成的预期时间（包括起步、中期、总结）。开始思考你可能如何分享你的发现，你希望对什么负责。学生与教师以小组讨论的形式将所有这些问题确定下来。教师负责审核项目的主要问题、行动方案以及学生负责的内容和方式。

监督

"我们在达到目标的过程中学习得怎么样？"这需要持续的监督。也许，我们可以把计划和每天的学习过程记在探究日志里。在探究日志中，记录下我们的新发现、新观点、新问题，这些都有可能修正我们的思想。在这一阶段，我们应该制定一套自我评价的评估准则。在这个评估准则中明确我们要考察的要素，比如学习内容、探究过程、汇报、语言运用、回应他人提出的问题的能力等。

当学生与我们分享他们的探究过程、困惑、新问题以及替代方案时，这些监督方式构成对学生的形成性评价。

在这个阶段，学生要想出不同的方式与全班分享他们的理解。我不认同私下的交流，除非有特别的理由，比如特需学生。这些评价方式可以包括不同的形式，包括用 PPT 汇报、与全班口头分享、其他艺术表达方式（比如诗歌、戏剧、绘画作品或泥塑作品等）、小组讨论、录像观摩、模仿或游戏。（注意：我观看过很多 PPT 汇报。许多汇报都展现出学生对软件的灵活运用，但是对于汇报内容却掌握得并不好。）

评价

"我们这次表现得如何？下次还可以在哪些地方改进？"在这里，我们可以用自我评估框架来评估学习过程，评估在练习阶段对老师和学生的意见的回应情况，评估改进情况。最后，进行终期评价，包括回答下面这些问题："我从自认为很重要的主题中学到了什么，为什么呢？我对自己和探究过程有何了解？我如何将已经学到的应用于其他学科和校外生活？我对这个主题、我自己以及自己的探究结果还有哪些新问题？"

毫无疑问，这三个问题也适用于我们前面所说的师生合作探究活动。

小　结

单元设计和单元探究都是一个长期而又复杂的过程。我们先以一个被认为很混乱的小片段为例。它让我们想起最近一次工作坊中一名老师的问题，"我们如何将混乱和探究区分开？"由此可见这个问题一直在她心里，很可能成为阻碍她激发学生在学习过程中提问的因素。（一般而言，我设计的活动都是有趣的、忙碌而又热热闹闹的，需要围绕任务进行对话。因此，探究活动的样例与学生静静地听教师讲课特别不一样。）

我们讨论了三种不同的模式，它们分别适用于不同的情境。

教师主导的探究或结构化的探究。这种模式适用于以下情境：我们刚掌握教学或刚学习这个主题；在导入环节，我们想让学生提问却又不想把他们的问题纳入单元学习；我们不确定如何管理学生主动参与的课堂。

师生合作的探究或有指导的探究。在这一过程中，不仅仅是教师自己的问题，学生的问题也被整合到单元学习目标中。这种模式一般发生在以下情境中：我们已经花了一些时间写探究日志，针对好奇心进行了反思，比如，什么能培养好奇心，我们已经提出了哪些问题，还没有提出哪些问题，在何种程度上寻找答案；我们已经花了一些时间使用实物、图片和故事让学生进行观察、思考和提问，同时还花时间让学生明白什么问题是好的问题；我们个人熟悉了学习的主题，习惯了管理一个与众不同的班级，在这个班级里学生有更多小组合作的机会，能够研究自己感兴趣的问题。当学生学会了合作、倾听、相互回应，同时又能提出好问题时，我们就可以采用这种合作模式了。（参见第3章）

学生独立的探究。在这种模式下，我们的学生都已经成熟了，擅长独自完成作业或合作学习。他们的活动应该成为任何一个学习单元的一部分。在学习过程中，他们能够与全班分享其发现。（顺便说一下，我从来不支持给天才学生或优秀学生单独开小灶。如果必须这样做，那么我希望这些学生能够和那些未受到特殊照顾的学生分享他们自己是怎样学习的。）

探究性教学并非处处受欢迎。但是，在一些学校，比如国际文凭班项目，探究是首要的宗旨，在学生档案记录中处于中心位置。我们必须找到各种方式来激发学生提出与单元学习相关的好问题。

实践机会

1. 选择一个你已经教授过的单元，用KWHLAQ重新设计它。

2. 选出一个你正在设计的单元。用第4章和本章所描述的探究过程来设计，让学生对自己的探究过程有更多掌控。

3. 你发现本章中所描述的每种探究方式分别面临着哪些挑战？

4. 从教师主导到独立探究的图谱中，你处在哪个位置？你想处在哪个位置？为了达到你的目的，你要采取哪些步骤？

5. 你对这几种方式还有什么疑惑？可以在哪里找到答案？

6. 你在何种程度上能够与同事一起进行长期规划？（你可以与我们分享你的问题 jbarell@nyc.rr.com）

7. 你认为托利·保罗的认识对学生的学习过程有何帮助？

为什么必须要有山脉：好问题的性质

非正式的漫谈

一天早晨，在明尼阿波利斯市的惠蒂尔国际小学，我与一群幼儿园小朋友坐在一起，阅读一个有关南极的故事。我很容易对这个主题感兴趣，因为我在美国海军服役期间，曾去过南极大陆。

我们所有人都坐在地毯上，围成一个圈。我向学生讲述我去南极的故事，以此展现我自己的好奇心，从而让学生们对这个话题更感兴趣。正如一个教师所言："你在这个话题与你个人的经历之间建立了联系。"我简单地告诉他们我为什么要去那儿——是源自我对南极大陆、众多探险者、南极动物和天气的好奇（Barell，2007b）。

我向他们展示了一部大大的图画书《南极》（Cowcher，1990），然后大声说出自己对封面上两只南极企鹅的好奇。"这些是什么动物呢？在哪里能够看见它们？它们有多大呢？它们吃什么呢？它们如何在如此寒冷的天气里生存下来呢？"

接着，我们开始阅读故事。我们翻阅一张张的图片，《帝企鹅日记》这个故事也随之展开了。很快，在没有外力的影响下，学生们开始十分随意地表达自己的好奇，"我好奇为什么企鹅的大小会不同……你手上有汗毛，为什么呢？你认为企鹅的头上有毛发或软毛吗？"

这是我们在前面称之为"漫谈"的一个例子（参见第4章）。漫谈就是在非正式的情境中，围成一圈阅读一本书，并表达自己的好奇。

 美国的一些小学，既招收义务教育阶段的小学生，也招收幼儿学生。——译者注

只要有非正式的谈话，比如，开着汽车去公园或火车站，坐在汽车的副驾位置上，或者在厨房里做饭，漫谈就会发生。我们会讨论事件、物品、观察结果，等等。有时，其中一个会说："你知道，我好奇……"或者"可能……也许……你认为呢？"

正如我们刚才提到的，这些都是很好的问题，因为学生们真的想知道答案。这些问题促使教师与学生分享火山和其他自然现象的图片。这又引发了更多的问题，比如，其中一个问题就是地质学家们正在思考的，"火山爆发究竟由什么引起？"

更正式的探究活动

在明尼阿波利斯市的埃尔勒·布朗国际小学，我与一群四年级学生一起学习自然资源这个话题。我们要向坐在教室后面的教师们示范不同的探究方法。我开始向学生展示南极的照片。我告诉学生自己去过南极。我希望在个人经历和南极大陆及其资源之间建立联系。南极大陆上的资源包括煤、石油、其他各种矿物质、陨石（其中一些来自火星），等等。我们讨论我们可能会在南极找到什么。学生们的答案包括企鹅、鲸鱼、鸟、冰块和冰山、山脉。地图和图片可以用来激发学生的兴趣。

然后我们开始了 KWHLAQ 中的第一步，"你认为我们已经知道了关于自然资源的哪些知识呢？"学生们开始分享他们已有的知识，说出了煤、金、银、水、空气等自然资源。

接着，轮到学生提问。他们有很多问题，其中一个问题是"我们如何炼出金和银？"这立刻让我想到古代的炼金师。他们在这个问题上花了很多时间，却没有成功。

然后，一个名叫霍华德的学生问道："为什么必须要有山脉？"他的问题令我感到惊讶，我迅速记录下来。然后，坐在他旁边的卡莫瑞提出了另外一个问题："如果没有云会怎么样呢？"我又记下了这个问题。

我的目的就是列举出一些这种类型的问题，激发我们总结出好问题的性质。那些激发我们追根溯源的疑问，究竟由哪些成分组成？

不考虑提问的学生的年级和类别，下面的一些问题可供思考。这些问题都是由介于幼儿园到小学六年级之间的学生提出来的：

问题样例

- 蝴蝶会走路吗？
- 太阳是一个气球。那这意味着光是一种气体吗？
- 为什么必须要有山脉？
- 如果没有云会怎样呢？
- 独立钟怎么会有裂缝呢？
- 为什么宗教对人如此重要？
- 为什么所有人不能相信同一种宗教呢？
- 为什么校车总是黄色的呢？
- 警察和火警如何获得报酬？
- 在古代文明中一个人如何成为领导？
- 文明是如何起源的？
- 还会有另一个冰川时期吗？
- 如果没有火山，会影响岩石吗？
- 为什么企鹅走路如此滑稽？
- 鼓膜是什么？
- 古代罗马人穿什么衣服？
- 美国现代建筑都是古罗马的风格吗？
- 当印加人用小点代替数字时，他们也像我们一样做乘法计算吗？
- 为什么太阳耀斑会从太阳中喷射出来？
- 总统有权力制定一个军事方案吗？
- 如果我们不能看见质子、中子和电子，我们如何了解它们呢？

所有这些问题都是美国各个小学的学生提出来的。我们如何来判断它们是不是好问题呢？

反思与回顾

反思这些问题，选出你心目中的好问题。然后，问问自己："是什么让这些问题成为好问题？我的选择标准是什么？"这是两个带有批判性思维的问题。

我们对"批判性思维"的定义，来自我的同事马修·李普曼（Lipman M，1988）。他是蒙特克莱尔大学"儿童哲学"项目的开发者。他的定义如下："批判性思维是一种灵巧的、十分可靠的思维。它有益于判断，因为它：（1）依据标准；（2）能自我修正；（3）也能适应不同的情境。"在这里，我们寻找标准，这一标准帮助我们做出判断或得出结论。

多年前，当我刚开始进行探究性教学时，我问老师们："什么是好问题？"

其中一个老师说："好问题就是你想回答的任何问题。"

这个回答言之有理。在日常生活和工作中，我们会问各式各样的问题。正如林德弗斯所言，我们会以表达疑惑的形式提出问题，比如，"可能……也许……"、"我不明白……"、"倘若……会……"、"我好奇为什么……"。林德弗斯（Lindfors，1999）的研究表明，有些探究行为就是她所说的"信息收集"，其目的是直接获得答案。另外一些探究行为可能表明我们想要"尝试所有的可能性"，以探索神秘或矛盾的事物。

我们之所以对于这个世界是如何运转的充满好奇，是因为我们想尝试着去理解它。林德弗斯的分类似乎表明，我们需要信息以获得理解和意义。我们寻求理解的动力源自我们想填补学习和理解上的空白。正是这些空白让我们产生了好奇（Heath H & Heath C，2007）。

那么，我们是否可以用其他方式来思考我们的问题和好奇？我们可以用这些方式弄清其意义和重要性。（注意：在恰当的时候，我们可以也必须问学生："是什么让一个问题成为好问题？"）

下面是一些看待问题的不同方式：

1. 这些问题是"真实的"吗？这是一所国际小学的一名教师最近针对一节示范课提出来的。我认为，他的意思是学生们生来就想知道答案，而不仅仅只回答出成人提出的问题，比如，是谁？做了什么？什么时候？为什么？用什么方法？学生们没玩过"猜教师在想什么"的游戏吗？学生的问题是源于自发的求知欲吗？

你会问"真实性"的标准是什么？下面几点可供参考：（1）提问的时间（一天早上，汤米来到教室说："布朗夫人，我好奇……"）；（2）提问的背景（爱丽丝正在她的阅读小组中，她说："我不明白为什么富兰克林会害怕，我不害怕。"——《小海龟富兰克林的故事》）；（3）疑惑的表情（詹尼弗正在课堂里听一场讨论，她紧皱眉头，满脸疑惑。）；（4）探究日志中的记录（"你知道，可能……"）；（5）由学生或家长提供的家庭对话；（6）持续很长时间的兴趣（"我还是很好奇……"）

你是否想到"真实性"具有其他指标？

好问题的其他指标可能包括：

2. 这些问题在多大程度上能够促使我们对一个问题或事物进行深入思考？换句话说，哪些问题可以通过阅读找到答案，哪些问题能促使我们深入思考，就好像"智力活动三水平图"中水平Ⅱ和水平Ⅲ层面上的思考（见图3.2）。

3. 哪些问题能反映探究结果与学生成绩之间呈正相关？比如说，对比与比较类问题（参见Marzano et al, 2001）。

4. 哪些问题能帮助我们达到课程目标？（参见第3章）

5. 哪些问题能帮助我们使用、加工信息并将信息用于新的情境？或者，哪些问题能帮助我们开拓前所未知的探究维度？

对照第2点，即这些问题在何种程度上能够促使有效地思考，我们来看看前面列出的问题例子。另外一种方法就是判断每个问题所需要的智力活动水平，但这不是一件很容易的事。

问题：为什么必须要有山脉？听到这个问题时，我为自己从这个问题中所看见的东西感到兴奋。与霍华德不一样，对我来说，这个问题是在追问山脉在地球演进中的作用。如果想要完全回答这个问题，我们不仅要思考山脉如何由板块运动形成，这些板块如何把地球塑造成现在这个样子，还要追问山脉对生命的重要意义。（Ward & Brownlee, 2000）

这个问题由一名有特殊需要的四年级学生提出。它推动我们去厘清一些因果关系，鼓励我们去解释地球上不同要素之间的相互联系。对我来说这是一个很复杂的问题，尽管这名学生可能不会这样看。他提这个问题是什么意思呢？我也不确定，因为我没有问他。他可能看到一张美国地图，看见代表落基山山脉的深褐色条纹，然后问："为什么山脉会在那儿？"这让我们想起了一个哲学家，他经常问："为什么这儿存在某种东西，而不是什么都没有？"为什么事物是这样的而不是那样的？我们往往对许多事物习以为常。这个学生的问题促使我们去质疑司空见惯的事物。

让我们回顾一下"智力活动三水平图"（见图3.2）。这个图的框架建立在本杰明·布鲁姆的认知目标分类学基础上。它为我们提供了一个简洁的框架，可以用它来衡量问题所需要的智力水平。

水平Ⅰ：信息收集。

水平Ⅱ：对收集到的信息进行加工，让它变得更容易理解；分析信息，得出合理的结论。

水平Ⅲ：运用已经获得的信息。

为了让学生能建设性地应用数据，许多研究都表明，我们必须让学生的智力活动位于水平Ⅱ和水平Ⅲ上，而不是仅仅停留在水平Ⅰ上（Mayer, 1975，

1989；Bransford et al，2000；Newman & Associates，1996；Marzano et al，2001；Marzano，2003)。

在运用"智力活动三水平图"时，我经常告诉教师，如果希望学生能够记住、理解和运用他们正在学习的知识，我们必须促使他们在水平Ⅱ和水平Ⅲ层面上思考，否则他们只能得到无意义的信息。

很明显，霍华德的问题处于水平Ⅱ——努力去追问原因。它是一个好问题，因为它促使我们思考——收集信息、分析信息、寻找联系和原因、运用"如果……那么……"的方式进行思考，最终得出合理的结论。

不考虑问题的层次（在这儿，这不是最重要的），霍华德的问题促使他和他的同学去理解山脉是如何形成的，以及这些地质构造告诉我们有关这个不断变化的星球的哪些信息。

问题：独立钟怎么会有裂缝呢？ 这个问题是由一个五年级学生提出来的。表面上看起来它是一个水平Ⅰ上的问题。我们要通过寻找历史信息来确定它现在的状况。这个学生发现独立钟在设计时有一个小错误，从而导致它被撞击时产生裂缝。这个学生为此感到很沮丧，他说："戴维斯太太，我真的问了一个很好的问题……但是，我没有得到一个好答案。我以为会找到一些很酷的事，比如炮弹的袭击。"这件事告诉我们，不是每个有趣的问题都会得到有趣的答案。

这是一个水平Ⅰ上的问题吗？可能不是吧。如果我们进一步去寻根究底，会怎么样呢？根据戴维斯太太和学生们的发现，的确存在设计上的瑕疵。但是，下面这一组问题又说明了什么呢？

谁设计了独立钟？

这个设计瑕疵有何种性质？

为什么设计者会犯这个错误？

我们似乎可以进一步挖掘。有时候，我们不应该只接受第一个答案，即设计上的瑕疵。这个问题的答案会引出许多新问题。这些新问题可能会引发我们对18世纪的金属铸造和各种设计样式的兴趣。

这还是水平Ⅰ上的问题吗？可能还是。但是，这个问题很容易促使我们去仔细分析相关的因素。想一想，如果我们不追问更深层次的原因，那会发生什么呢？NASA曾经被谴责犯了这种小错误，从而导致"挑战者号"航天飞机于1986年失事。

问题：文明是如何起源的？ 我在白板上快速写下六年级学生提出的这个问题，因为这时候我正与该班学生探究文明、文明的起源、文明的各要素以及我们为什么会使用"文明"这个词。

很显然，我们正在追寻文明的起源及原因。这是一个只需要借助教科书就能找到答案的问题吗？我们可以因此将这个问题视为信息收集类的问题吗？喜欢研究或阅读历史的人都同意这样一个观点：判断人类如何产生、为何产生以及人类如何发展出多元的文明并不是一件很容易的事情。

　　首先，可能没有人会问这样的问题，也没有人追问不同文明的起源，可能不同的解释之间相互冲突。文明就是这个样子的。有人认为任何一种文明，包括城市文明、城郊文明、农村文明、山地文明、苔原文明，都起源于旧石器时代，经历了新石器时代，然后就成为现在这样。

　　对于历史学和人类学的任何结论，我们可以查看现存的任何证据，然后得到不同的解释。比如说，我们知道早期的原始人在距今 250 万年前的旧石器时代就能制造石器了。这些工具都是由富含二氧化硅的岩石或打火石打磨而成。人类文明是从这种共同狩猎的经历中发展起来的吗？直立行走、离开热带草原、大脑面积的膨胀也是很关键的因素吗？（登录 www. google. com 可以搜索到有关石器和旧石器时代的信息。）换句话说，文明的产生是先于还是源于石器的使用和直立行走？（当然，这可能取决于我们对"文明"的定义。在学习一个概念时，我们先让学生进行初步定义，等学到更多时再重新定义。）

　　也许我们不能在这个问题上得到一致答案。但是，探究的过程很有趣！

　　因此，不是所有问题都只有唯一的答案。水平 Ⅱ 的许多解释性的问题都会促使我们从历史学和人类学的角度做出假设，就好像自然科学研究一样。需要得出结论，同时用证据、数据和信息来支持自己的结论。

　　思考这样一个问题："为什么所有人不能信仰同一种宗教？"这个问题也是一个好例子，它能引导我们去思考已经确定了的课程目标。在单元设计过程中，我们围绕"文化"这个概念勾画概念图。这个问题能促使我们去设计一个适应单元目标和单元内容的问题情境。

　　再举另外一个例子。明尼阿波里斯市惠蒂尔国际小学的莉斯·德布雷鼓励她所教的四年级和五年级的学生将有关世界宗教的问题进行分类，以区分出哪些问题与单元目标一致，哪些问题与信仰、上帝的本质和仪式相关。

什么问题是好问题？

　　在这个宗教单元的学习中，莉斯让学生审视自己的问题，进而弄清好问题具有哪些特点。他们认为好问题：

- 不止一个答案

- 有深刻的意义

- 包含令人兴奋的词，因为能让人想去探寻答案

- 不能直接用"是或否"来回答

- 不止一个答案，是你想知道的某种事物

- 很难回答，需要用心思考

- 要花很长时间才能弄明白

- 问题的答案要详细且有意义

- 是我们一直在思考却不知道答案的问题

- 能引发我们的思考和好奇

- 不是每个人都知道答案的问题

这些四五年级的学生列出了一长串评价标准。这些标准应该被粘贴在教室里，并可以随着学生对提问和探究日益熟练不断地修改。

如果问你的学生"什么问题是好问题"，他们会怎样回答呢？

回顾与反思

看看剩余那些简单的问题，你认为哪些在智力上具有挑战性？哪些问题会将我们引向"智力活动三水平图"中的水平Ⅱ和水平Ⅲ？为什么呢？

我们如何从问题中辨别出好问题/概念？

在下面这些问题中我们发现了哪些概念？
例如：

- 文化

- 人类活动

- 自由

- 工具制造

- 太阳系

- 鼓膜和听力系统的其他部分

- 宗教的性质及其信条与仪式

- 领导和领导力

- 云或其他天气现象
- 山脉和其他地貌
- 亚原子粒子及其性质
- 联邦政府的权力
- 教育系统

为什么从问题中辨别出这些概念很重要？

其中一个原因很明显，那就是我们希望学生在单元学习中能有效地思考这些概念和观点。这就是我们为什么要在第 3 章中尽可能罗列出更多的概念。之所以让学生思考这些观点和概念，是因为它们很有影响力。我们可以从不同情境中提炼出概念。如果我们知道一个地区的文化，就可以将这些基本原则用于其他文化中。这并非因为所有文化都相同，而是因为在特定情境下它们会面临相似的挑战（比如，北极、撒哈拉、纽约和莫斯科的土著居民，或者世界各地的农田）。

这些概念会促使我们思考重要的问题，进而产生新的观点。我们的思考可能不全面。比如，云在我们的概念图中可能是自然资源的一部分，因为它们会产生雨、洁净能源（"倘若没有云，会怎么样呢"）。但是，可能我们以前没有考虑过云的缺失。而这一问题将来要考虑。我们会预测和分析没有云的可能后果。这个问题很有趣。在时间和资源充足的条件下，值得研究。

要知道概念能促进学习，促使我们将学习结果运用到更广阔的情境中。我们知道学生自己形成概念图能够促进其认知发展和学习进步。概念图能够帮助学生运用词语，例如汽车、细胞、加拿大、英雄等，勾勒出观点之间的联系。同时，概念图也拓展了观点之间的有意义联系（Copple et al，1984；Johnson，1975；Novak，1998）。因此，我们给学生更多的练习机会，让他们辨别出"文化"、"细胞"等关键概念，这些概念对他们来说就更有意义。有意义学习就是对概念与观点的深刻且丰富的理解。它无疑是所有教育的核心目标之一。

我们给学生的练习机会越多，通过对比或比较等方式让他们分析概念，他们对这些概念的理解就越深刻，因而他们的学习成绩和认知发展也就更好（Copple et al，1984）。

另一种看待问题的方式

在一次参观中，惠蒂尔国际小学的莉斯·德布雷及其同事与一群四五年级的学生正在学习古代文明单元。他们向学生展示了从卫城上看见的古希腊日常商业活动的图片、穿着宽外袍的罗马人的图片、古埃及的图片，学生也提出了一些问题：

- 这是罗马/埃及吗？
- 我好奇他们是不是在思考/看地图/谈话？
- 其中一些人很悲伤吗？

所有教师都想帮助学生提出更深刻的问题，提出能够帮助学生对问题情境做出回应的问题。这个问题情境需要学生审视某种文化，挑出一些文化要素，将这些要素与今天的进行比较。为了帮助学生更深刻地思考，我直接引入了不同提问倾向的框架图（图6.1），给每组学生一份。我用他们学校生活中的具体例子（比如，在食堂里的一个问题）引导他们去看图中的问题。

然后，我让学生回到他们的图片和自己最初的问题上来，看看他们是否能从这些图片中发现古代文明与其现在所居住的城镇文明之间相似的文化元素。换句话说，我希望他们找到重要的元素，然后进行比较。莉斯及其同事对学生们提出的新问题感到很满意，因为学生们不仅从时尚、市场、建筑、休闲等方面寻找古代文明与现代文明的共同点，而且还通过两者的差异得到一些很好的结论。

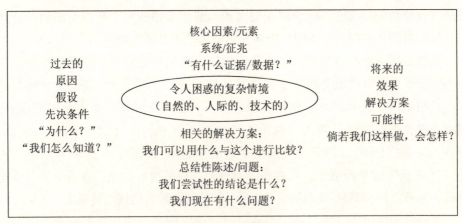

图6.1 问题框架

下面是他们的一些新问题：

- 美国的现代建筑都是古罗马风格的吗？
- 古代生育及死亡仪式与现在有何异同？
- 古代的商品交易如何发展到现在的买卖行为？

莉斯·德布雷老师后来写信告诉我们这个学习项目的情况：

约翰，他们的作业令人难以置信，这是我10年教学生涯中见到的最好的作业。探究过程对他们来说太有意义了。他们为自己感兴趣的问题找到了答案……这些作业写得很好，充满了思想，是本学年的第一次研究报告。他们对自己感兴趣的部分和学习结果进行了反思，并且很有深度……我意识到差异是如此重要……其中一些学生谈到了差异。通过关注这些差异，他们似乎学到了更多。

很明显，如果我们鼓励学生像历史学家、文学家、人类学家等专业人员一样思考，如果我们给学生提供时间、资源和鼓励，他们就会达到我们最高的期望。

"我们需要找出什么?"

寻找好问题的另外一种方式是询问"科学家会对地震提出什么问题?"或者"作家会对故事中的人物提出什么问题?"。这些问题会把我们带回第5章中所描述的 KWHLAQ 策略。回顾一下这个策略，我们就可以问："我们认为我们知道有关火山、养猪、鲸鱼以及数字的什么知识?"

有时候，我们希望学生思考他们真正感兴趣的东西。当学生们在学习"地理大发现时代"这个单元时，他们认为自己知道许多有关哥伦布的知识，比如哥伦布的家乡、他与伊莎贝拉女王的关系（有个学生认为他们结婚了！）、他的船队等。然后，我们要问这些已有的知识为他们的知识空白带来了什么。

他们想了解哥伦布的船的大小和船员的数量，有多少船员是从监狱中释放出来的罪犯（我记得不是很多），哥伦布发现了什么或者他认为自己发现了什么。我那时没有提出的问题是："如果我们像历史学家一样思考，我们需要知道有关这些航行的哪些知识?"

- 是什么促使他们向西航行?（原因）
- 他们的航行产生了什么影响?（结果）
- 在我们这个时代这些航行会是什么样子?（对比）
- 谁是航行的领导?

在工作坊里，我经常让教师思考来自科学研究或文化研究的照片，鼓励他们像专业人士一样提问。然后，我让他们仔细考察由不同的人提出的一系列论断，如果还想进一步验证这些结论的话，就继续向他们提出一些问题。在这次练习中，我采用的是约翰·迈克佩克关于批判性思维的定义："批判性思维是对某种已形成的说法或固化的行为方式的怀疑或悬置。"（McPeck, 1981）[6]

这里的核心思想是：批判性思维表现的是一种怀疑精神，一种悬置判断的意愿，在接受别人的结论之前，首先去怀疑、去提出问题。

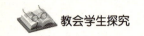

回顾与反思

下面的这些例子都是真实的（有一个除外）。作出这些论断的人希望我们能够相信他们所说的。你对每个论断会提出什么问题呢？一旦你提出一连串的问题，确定哪些问题可以适用于其他一切论断。最后，想想是否能够为你的问题创造一种记忆方法。在这里，我们的目的是确定一组好的问题。我们可以用它们对一系列的事件、问题、故事或产品提问。

"《夏洛的网》是世界上最好的书。"

"最近50年的全球变暖极有可能是由人类造成的。"

"我们缺乏想象力……我们必须做的就是更系统、更规范、更有层次地运用我们的想象力。"

"你在饮食中获得了充分的全谷类食物吗？你可能没有。最近的研究表明90%的美国人每天都没吃够三份全谷类食物。"

"所有雪花都是独一无二的（所有的沙粒都是独一无二的）。"

"省钱又可靠——威瑞森无线网。"

"民主党/共和党将会赢得下一次选举。"

"在越战期间，国会是缺位的。它没有提出尖锐的问题……我们损失了5.8万美国人，输了战争。这让整个国家蒙羞……只要我在这儿……我将会尽我所能不让这种事情再次发生。"

这个工作坊是针对成人设计的训练，旨在将我们的注意力放在一般性的问题上，这些问题适用于许多情境。我的目的是演示怀疑的过程，然后判断哪些问题和思考能够普遍应用于各种情境，比如，被污染的水池、整顿破旧的医疗机构的新闻故事、一本好的小说、一件好的艺术品。在不教给学生首字母缩写方法前，他们能够学着去辨别自己的一般性问题吗？

我相信他们能。我认为下面这点很重要：激发学生去思考，在面对复杂的、令人困惑的情境时，年轻的科学家、小说家、历史学家、数学家和艺术家需要提出什么问题。

我在这些情境中想到的首字母缩写法是SEADS：

S 信息源（Source）：谁说的？为什么会这样说？

E 证据（Evidence）：有哪些信息和证据能够支撑这个论断？

A 假设（Assumption）：我们对电话服务、战争、食用纤维等做出何种假设？

D 定义（Definition）：我们需要界定哪些词语？比如，"最好"、"全谷类食物"、"可靠"。

S 偏见（Slant）：说话者或作者有哪些偏见？他/她的动机是什么？

与教育工作者一起工作时，我喜欢让他们自己想出一组好的问题。因为我相信，对他们来说，拥有自己的问题更重要。我希望他们的学生也同样如此。

凯莉·费伯是阿尔伯塔省埃德蒙顿市的一名四年级教师。她所教班级的不同之处，在于她的学生是特需学生，他们在阅读方面都比同龄人落后1—2年。在一次研讨会后，我问凯莉她的学生是否能够提出一些有首字母缩略词的问题。这些问题能够广泛地运用到各种条件下。她接受了这项挑战。下面就是她的学生在学习海盗这个单元时提出的问题：

I-有什么信息？（Information？）

W-涉及谁/什么？（Who/what does it involve？）

O-是意见还是事实？（Opinion or fact？）

N-是不是真实的？自然的影响（就好像流星撞地球一样）［Not real or real？Or natural impact（like a meteorite hitting Earth）］

D-我们对此有一些或充分的了解吗？（Do we know something/enough about this？）

E-有什么证据？有哪些成分？（Evidence？Element？）

R-是真的吗？（Real？）

凯莉打算在 I WONDER 中 "O" 这个问题上帮助他们：

我选择首字母建构一个框架。缩写结果对他们来说是有意义的，因为这就是他们学着提出能启发思维的问题的方式。我也会用 "O" 中的问题来引导他们。希望他们能够经常思考这个问题。我们需要给他们做一些示范，然后让他们自己开始练习。

凯莉也激发学生们去学习"智力活动三水平图"（图3.2）。他们在海盗单元的一个主要观察结果就是"海盗们很愚蠢"。在此期间，她让学生在"智力活动三水平图"这个模型的不同层面上提问。下面就是他们第一次尝试的结果：

1 我怀疑他是不是一个船长（看着一幅海盗的图片）。

3 我好奇如果他们下次把宝藏埋在同一个地方，又会发生什么呢？

2 我好奇他们为什么把宝藏埋起来？

2 根据我们的了解，这些海盗有何相似之处？

3 这是杰克船长的一个翻版吗？

2 他为什么被杀死了？

凯莉总结道：

既然他们已经了解这个框架，我每天让他们判断自己的问题属于哪个层次，让他们意识到好问题的价值。好问题是不能用"是"或"不是"来回答的。

因此，我们的学生，即使是有障碍的学生，不但能够提出好问题，同时还能够将这些问题组织起来（采用首字母缩写法和记忆术），便于运用、记忆和修改。

漫 谈

在本章开头我们描述了孩子们对极地企鹅的软毛、大小、不同颜色（帝企鹅和阿德利企鹅有不同的颜色标识）的好奇。如果按照林德弗斯（Lindfors, 1999）的分类，将探究活动分为信息收集和好奇，其中一些问题看起来应该属于后一类。学生们对大小、软毛和颜色的好奇不仅仅是信息收集行为，他们似乎也在尝试指出一些很明显的差异，比如帝企鹅（3 英尺多高）和较小的阿德利企鹅（18 英尺左右高）在大小上的差异。

我为什么这样说？因为这些问题让我们想起其他孩子对企鹅的一些疑问，"为什么企鹅走路如此滑稽？"另一个孩子回答说："因为上帝让它们这样子。"

然后，就好像他们的脚被绑起来一样，我让孩子们练习走路。

我们不打算在幼儿园引进创造、进化、适应、生存需要等观念，但是有时候我们可以告诉儿童不同环境下生存的需要。

"为什么这些企鹅是黑白相间的？"这是一个成人提出的问题。答案似乎与这些企鹅的生存需要有关。当它们游泳时，黑色能够使它们与南极黑亮的水混在一起。白色能够让它们伪装起来，避免水中的虎鲸和海豹的袭击。

和我一起读企鹅故事的那群幼儿园小孩后来发邮件问我："火山为什么会爆发？"我通过 Google 搜索了地质学网站，发现这个问题是科学家对地质构造进行分析的核心问题。尽管不同答案存在分歧，但是，一般而言，火山是否爆发取决于岩浆中的气体成分和火山锥内部集聚的压力。

顺便说一下，当我与一群四年级特殊儿童共读一个有关地貌（包括火山）的故事时，他们也提出了同样的问题。因此，我们不能把幼儿园里孩子的问题与四年级学生的问题区分开来，至少我不能。这些幼儿园孩子观察到了很多，也提出了不少问题，部分原因是他们看了《帝企鹅日记》《南极大冒险》和《快乐的大脚》等电影。

问题往往源于我们已经熟知的事物。在探究之前，我们需要对这个话题有一些背景知识的了解。这就是为什么在导入环节提供背景如此重要的原因（参见第4章）。希斯夫妇（Heath C & Heath D，2007）说这是为新知识提供情境。在这种情境里，我们能够发现自己的知识空白。

小　结

我们已经从不同角度审视了自己的问题和学生们的问题。运用"智力活动三水平图"能够帮助我们对问题进行分类，从而增进我们对学生所提问题的了解。我们希望学生在各个层次上都能提出好问题，而不仅仅停留在信息收集层面，这对促进探究至关重要。我们也希望学生觉察到课程内容中的那些重要概念。他们越能够觉察到这些概念，就越能扩展这些概念的意义，我们也越能提高他们的理解力和学习成绩。

但是，同样重要甚至更重要的是，我们要与学生一起努力，帮助他们建构一套问题框架。这个框架能够帮助他们有目的地开展探究活动。我们的确可以把教师制作的问题框架教给他们，但是我相信他们能从自己的观点和好奇心中受益更多，就好像凯莉·费伯的"我好奇……"问题框架。

总之，我们的目的就是，当学生遇到充满疑惑、困难和不确定性的情境时，他们能独立思考，知道自己需要找出什么以及这样做的原因。

实践机会

1. 什么时候能够让你的学生参与到漫谈中？他们都有哪些疑问？

2. 你的学生认为什么问题是好问题？你是否在教室里贴上一些好问题的样例以供学生参考和修正？

3. 你如何与学生一起评估他们的问题？你在何种程度上能够指出哪些问题是好问题，为什么它们是好问题？

4. 你如何使用"智力活动三水平图"来帮助学生提出不同的或者更复杂的问题？

5. 你能够与学生一起创造出一种记忆工具或首字母缩写方式，以便将一组好的问题组织起来吗？

6. 你的学生在何种程度上能够在探究日志中记下他们的好奇和问题，同时定期进行反思？他们认识到自己具有提出好问题的哪些能力？

如何知道学生理解了？

我最糟糕的一次评价经历，就是在一个周四的晚上，我冥思苦想周五要向学生提出哪些有关我们刚学习的一出戏剧的问题。我拥有的最好的一次评价经历，就是鼓励学生找到任何一种艺术形式来表达他们对《奥赛罗》的理解。我收到一首有关苔丝狄蒙娜的长诗，一幅极好的卡通画（画中的人物是埃古），一首由托德·凡·比华伦作曲的长诗（他用自己珍贵的小提琴在班上进行了演奏）（Barell，1995）。后面一种经历对我们的评价造成了影响。我们认为，评价就是判断学生对他们所学内容的理解程度。

为理解而评价的最好例子发生在新泽西州利文斯顿的朱迪·弗罗曼的二年级班上。当我拜访她时，她向我展示了许多作品。那些作品展示出学生们对重要概念的理解。其中让我吃惊的一件作品是关于伯努利气流运动原理的。这个原理告诉我们，当气流快速流过机翼时，机翼的表面形成了一个很小的真空层，从而产生浮力，让飞机起飞，在空中飞行。

在单元结尾，弗罗曼女士告诉她的学生："从大气的力、水或太阳的力中选择一种力，用一段文字来描述你对这种力的了解。你可以将我们做的任何实验写进去。但是，要记得解释这个实验是如何操作的，为什么它会成功。"下面是克莱尔写的：

"我愿意写空气的力。我们做了一次飞机的实验。飞机之所以能飞行，是因为飞机下方的空气气压更高。飞机下方的空气想要流到飞机上方，那里气压更低。"

克莱尔理解了这一点：机翼上方和机翼下方的空气气压有差别，上方的气压较小，导致气压差，产生我们所说的升力。当我第一次读到克莱尔的这段文字时，我感到十分惊讶。因为作为一个成人，我都花了很长时间来理解这条原则，尤其是将这条原则与允许帆船乘风行驶联系起来时（风帆在帆船中的作用就相当于飞机的机翼）。

良好评价的核心元素

我们在这里可以看见，一位好老师如何通过用纸飞机做飞行试验以及直接讲解这个原则，如何把抽象概念变得十分具体。回想一下希斯夫妇（Heath C & Heath D，2007）的黏着性原则：把一个观点变得简单、具体、超乎预期（一个笨重的交通工具如何能飞？），同时加入情感和故事情节。

她的例子也表明我们可以通过多种方式来判断学生对一个概念的理解程度，比如，画一幅画或者写一段文字来举例说明。我对写一段文字尤其感兴趣，因为我在对学生学习《奥赛罗》进行评价时就用了这种方法，同时还用了诗歌、奏鸣曲、卡通画。我让学生们写一篇散文来阐明他们如何完成自己的艺术作品。

因此，我们总结出了这些原则：

1. 使用多种评价方式，比如写作、画画、表演、作品创作，让学生用多种感官获得信息。这也包括形成性评价和总结性评价。老师允许克莱尔用画画和写作两种方式来分享她的理解。她也可以用口头表达或表演来阐释她的理解。

2. 评估学生理解的深度和质量。这就意味着评价远不只是告诉我们学生掌握了信息。它还能告诉我们学生可以有效地运用它。

3. 在评价中提供选择给学生。他们也应该参与评价方式的制定。

4. 确保学生在单元开头就知道我们希望他们知道什么，能做什么。这就是问题情境的价值。

5. 运用"智力活动三水平图"中的水平Ⅱ和水平Ⅲ的思维活动，鼓励学生对他们所学的内容进行思考，在格兰特·威金斯（Wiggins，1998）所说的"真实性评价"中将知识转化为行动。

在分享更多的优秀评价案例之前，我们先来简单地看看每条原则。

运用多种评价方式

传统上，我们会在周五考试。我们通过这种方式判断学生是否学到我们希望他们学到的内容。但是，我们现在想出了多种方式来了解学生学到了什么。

我们有预评价、形成性评价和总结性评价。每种评价方式都可以运用不同的形式、写作、发言、画画、做小测验、班级讨论、写散文、做项目、记录探究日志、做 PPT 演讲，等等。当我们问学生"我们认为自己已经知道了海洋世界的哪些知识？"时，我们就是在进行评价。如果我们让学生自己完成这个练习的概念图，画出他们已有的知识网络，那么，在为期 6—9 个星期的单元学习期间，我们每周都可以让学生反观自己画的概念图，然后对此进行更新。在单元学习的最后，我们就会有一个图例来展示学生们认为他们学到的有关海洋的内容。我们可以用六幅概念图或者让学生在一张概念图上用不同颜色标记出他们从自认为已知的内容中学到了什么。

当然，这个问题也会使一些错误的理解浮现出来。比如说，几年前在新泽西州北蒙特克莱尔市的一个五年级班上，当我们正在画我们认为自己知道的有关地理大发现的知识网络，尤其是哥伦布的远航的，一些学生说："他的头发是红色的……他与伊莎贝拉女王结婚了……他住在英格兰……他带了许多罪犯去远航……他不知道他到了哪儿……"

我忠实地把他们所有的回答写在黑板上（要记住托利·保罗在这方面对学生们的接纳）。只过了几分钟，学生们就对一些错误观念（比如，哥伦布的出生地、哥伦布与伊莎贝拉的婚姻）提出了质疑。（后来，我告诉学生我看过航行日志，其中一些日志陈列在纽约市第 42 号街图书馆。他的手迹的确与伊莎贝拉的很像。）我们现在知道事实上船上只有很少的罪犯。

当我们用问题情境来挑战学生时，他们提出的问题可以使我们对其探究能力和已有知识做出很好的预评估。他们的问题反映出知识欠缺，他们对此感到不安，并想通过探究来填补它。学习这个单元时，我们有机会让学生参与下面的经历。这些经历都可以作为形成性评价：

- 记录的探究日志。
- 讨论他们正在学习的内容和他们在寻找答案过程中的发现。
- 学生问的新问题。
- 一周布置一次书面作业，让学生告诉我们到目前为止最重要的是什么，对他们来说最难学的是什么，想知道更多的是什么。
- 明智地使用家庭作业。家庭作业应该提升我们对所学知识的理解，而不是让学生机械地用功。
- 项目汇报预演，从同学那里得到反馈。

存在多种评价方式。在这里，我们只举出一些，比如书面作业、日记、展示、小组讨论、艺术创作（素描、油画、音乐、诗歌、戏剧）、做 PPT 演讲，等等。

使用多种评价方式很重要，因为学生们的思考和行为存在差异。并非所有的人都擅长写作、演讲或艺术创作。当我们使用多种评价方式时，就能挖掘每个学生的长处。科普尔、西格尔和桑德（Copple et al, 1984）坚信我们应该鼓励学生用多种方式陈述自己的观点。他们使用"表征思维能力"一词来表示我们用不同方式来分享对"奶牛"、"家"、"爱"等概念的理解。通过用多种方式来表达，比如语言、音乐、图片、手势，我们拓展了学生的思维。学生通过这些不同的表征方式来建构自己的知识。知识是积极建构的结果。（一些教育评论者指责建构主义宣称学生可以随意创造，就好像没有正确的答案。我同意科普尔等人的观点。他们认为我们对任何具体或抽象的概念的理解都是建构的。建构是学习过程中的核心部分，需要水平Ⅱ和水平Ⅲ上的思维过程，而不仅仅是毫无意义地吸收和复述信息。）

当学生学习社区服务、自然资源、政府类型等各种学习单元时，他们是在建构内在意义。当我们鼓励他们用各种外在形式来表达这些内在意义时，我们是在鼓励他们分享自己的理解，从而让他们的知识变得更有意义。

展示我们的理解

几年前，我与一群教师共事，我让他们明确自己的教学需要。芭芭拉是一名高中数学教师，她说："学生可以找到正确的答案，但是他们不理解答案的意思。当我让他们解释某个答案时，他们就只能重复我所说的或书本上所说的。"

> "学生可以找到正确的答案，但是他们不理解答案的意思。"

我和芭芭拉由此开始了一段极富挑战性的旅程。在此期间，我们找出了多种方式。学生能够通过这些方式展示他们对于自己正在学习的内容的理解。对于自己正在学习的内容的"理解"是什么意思呢？假如你想要做一个蛋糕，但是你几乎没有烹饪经验。你只是在杂志上读到了、了解了一些蛋糕食谱，然后就认为自己可以去做蛋糕了。你开始按照其中一个食谱去做，但是你发现自己不知道"折叠"、"调配"、"搅打"、"湿度测量"等词是什么意思。你只能记住一系列步骤，却不能付诸实践。当一些步骤缺失或者某种原料不全时，你也不知道。

懂得如何做蛋糕，意思是你知道在何种条件下可以如何调整蛋糕食谱，知道所有的术语是什么意思，能够对自己的蛋糕质量做出判断。蛋糕烘烤需要对烹饪、

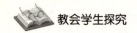

各种作料的性质、烹调环境有相当多的了解。桃子酱可以替代香草精吗？如果你将一根牙签插入蛋糕中，牙签拔出时沾满了作料，就表明蛋糕好了吗？"倘若……会……"、"假如……"，我们回答这类假设性问题的能力，经常反映了我们理解的深度。我吃的蛋糕比我烤的蛋糕要多。我希望这个例子能促进我们理解。

对主题单元的学习也是如此。比如说，你正在学习小学三年级中有关地方政府、州政府和联邦政府的内容。我们希望你不仅记住一些政府官员的名字，还希望你能通过阅读，了解政府要做什么事，希望你能谈论一个地方性的问题以及政府是如何解决它的。我们希望你能够在班级里组建一个模拟地方政府或州政府，并像他们在州议会大厦里那样去解决真实问题。（顺便说一下，约翰·杜威等教育工作者将教育当作一种生活的经验，而不是生活的准备。）

我们希望你能够比较州政府和联邦政府的异同，告诉我们在特定情境下一个总统能做什么。换句话说，了解政府并不意味着仅仅记住一长串的姓名或规则。它意味着我们能够在不同情境中使用这些信息。我们要将所学知识运用于实践中去，或者采用KWHLAQ策略将我们在探究学习中所学到的知识应用于新的情境中。

图7.1是一连串的智力任务，其目的是为了增大挑战的难度。我们希望学生能够展示出自己的理解力。

- 下定义。比如，民主是一种政府组织形式。
- 解释。比如，民主政府是如何运转的？
- 举例子。比如，举出民主的1—2个例子。
- 比较/对比。比如，比较几个民主政府；将民主政府与集权政府或法西斯政府进行对比。
- 下结论。比如，对民主政府与集权政府或法西斯政府之间的差异做出总结。
- 辨别和分析问题情境。比如，辨别个人权利和整个社会权利的冲突。
- 应用。比如，将民主的概念运用到任何刚诞生的政府中去，比如拉丁美洲、美洲或亚洲；分析这些新诞生的政府具备民主性质的好处，得出自己的结论。
- 对不同的例子和数据进行概括。比如，依据不同州和国家的经验，概括出由民主选举出来的政府的特征。
- 创造出模型、比喻或类比。比如，为一个新的国家设计出一个政府模式；画出一个光合作用的模型；想出一个板块构造理论的类比。
- 假设。比如，如果新闻审查制度、大幅度地剥夺自由权、对异端的不容忍等现象盛行于民主社会，那会发生什么呢？
- 提出或回答问题。比如，倘若由军队将领制定对外政策，那会怎么样呢？
- 教授概念。比如，用小学生身边的例子，把民主概念教给他们。

图7.1 智力任务清单

我们当然会开展这些智力活动，因为它们与学生的能力紧密相关。我把整个任务清单告诉你，是希望在我们建构总结性评价时，你能够全面地安排这些智力任务。为了判断学生对正在学习的内容的理解深度和质量，我们可以运用其中任何一项任务。仅仅记住信息、储存信息、背诵信息是不够的。它不是为了理解而学习，不能培养学生运用知识的能力。研究发现（Mayer，1989），如果我们希望学生能够运用所学的知识，他们就必须对自己所学的知识进行建构性地思考。

比如说，当惠蒂尔国际小学的莉斯·德布雷想要了解她所教的四五年级的学生对希腊、罗马、埃及等古代文明的基本文化元素的理解深度时，她和同事向学生提问，让他们将古代文明中的文化元素与当前某三个地区的文化元素进行比较，然后得出合理的结论。同时，我们还可以参见卡罗·卡楚皮的海洋单元。我们可以发现，通过学生们如何解决他们所选择的物种免遭灭绝这一问题，卡罗如何判断他们对"依赖"与"相互依赖"这两个概念的理解水平。我们在后面会仔细分析更具体的评价方式。

给学生选择

我认为到目前为止，所有人都同意，当学生有多种选择时，他们更有可能参与到学习中去。回忆一下你自己的学习经历。你的一个老师可能给你布置任务，让你去学习秘鲁的出口贸易，或者说："选取南美洲的任何一个国家；选择你喜欢的一个地区的工业和文化，去学习它，然后选择一种方式来告诉我们你学到了什么，以吸引我们去这个国家。"拥有选择权就是赋权。它能够让我们拥有主体性，让我们感到对自己的生活有掌控权（McCombs，1991）。让学生拥有选择权是帮助他们达到学习目标和自我实现的一种方式（Marzano，2003）[148]。

如果我们倡导以儿童为中心的学习，那么我们就会承认，给学生机会去选择内容、方法和评价是实施这种学习方式的一个关键要素。如果你认为不同的学习风格（或者是加德纳所说的多元智能）是有效的，那么你会看见学生们有机会选择学习及分享他们的知识的方式也将富有成效。如果你相信学生的兴趣在学习中扮演着重要角色，那么你会为他们提供机会去选择学习什么，以及如何分享他们的理解。后者可以在我教授《奥赛罗》这一单元时得到证明。在此期间，我们让学生写诗、作曲、画卡通人物。

如果你是一个更传统的教育工作者，掌控着学习单元中的大部分甚至所有决定（见第5章），你可以从评价的选择开始尝试，即给学生机会，让他们决定用何种形式展示自己的报告。这里有一种很容易的方式，可以让你尝试由学生去选择。你会从中收获很多。我记得5月份的时候，在一节高中的科学课上，教师让学生在剩下的6章中选择，让他们以任何一种方式去学习和汇报自己选择的章节。我看见的最好成果是一段由两名特需学生展示的视频。它解释了龙卷风的性质和运动。在整个学习过程中，他们不喜欢坐成一排听讲、做笔记，经常很被动。其中一个说："我们喜欢用双手来做。"如果没有教师时常来教室帮助他们，以确保他们理解学习内容，我还看不出这些学生是有特殊需求的。

在单元的开头就知道评价

根据我前面提到的经验，我们所需要做的就是进行反思（在实施的前一天晚上设计测试题），为了让学生更好地发挥，应该提前让他们知道评价的内容。

如果我们巧妙地设计一个极好的问题情境，激发学生的思维和情感，我们就会为整个单元的学习提供一个好的结构。（可再次阅读第4章中卡罗设计的海洋情境）我们可以从公平的角度来支持这一点。学生有权提前知道要接受哪些方面是要被评价的，因为这样才公平。

我们可以从教学组织的角度来论证这一点。当学生们提前知道自己下一步要做什么，教师和学生就可以一起学习搭建一个良好的结构，也不会随意拿一些材料来测试。我们可以说良好的组织结构就是最好的动力。"我知道我将要去哪里，如果我认为学习这个很重要，我就会好好地准备。"

记住我在第2章中所引用的杜威的话："一个有待回答的问题或一个有待解决的迷惑能将观念之流引入特定的渠道。"问题能引发探究，并形成探究模式。所以要始终如一地坚持在设计教学单元时让学生从一开始就了解自己要干什么，最终的目标是什么。实际上我们却常常做不到。这看起来很奇怪。但不管怎样，从哪方面看，这样做都是合理的。

真实性评价

格兰特·威金斯首次引入真实性评价。下面是他关于真实性评价的标准：

1. 以问题为中心的任务是真实的，如果这些问题是真实的，且与我们的行为相关。比如，解决问题、做出决定、做出假设、做实验、创造。

2. 需要判断、创新、运用知识与技能。

3. 让学生去"做"这个项目。

4. 复制成人在工作场所、政治生活、个人生活中所接受的测试场景。

5. 允许有适当的机会来排练、练习、查阅资料、获得反馈、改善表现和作品（Wiggins，1998）。

这些标准很重要，因为它们与我们所说的鼓励学生在"智力活动三水平图"中的水平Ⅱ和水平Ⅲ上运用知识直接相关。它也与梅耶（Mayer，1989）和马扎诺（Marzano，2003）等人的研究一致。这些研究表明我们需要对知识进行积极地思考，以保存和运用它们。因此，那些不局限于让学生重复已学知识的评价，更有可能对学生的学业成绩产生积极的影响，也更有可能帮助学生将知识运用到新的情境中。

为评价设计评估准则

经常让我们烦恼的一种评价方式就是发给学生一张纸，上面只有一个评分，却没有任何解释。这对一个孩子或青年学生的打击会很大。比如说，作业本上得了一个 C，但却没有任何解释为什么得了 C 而没得 A。来自北卡罗来纳州格林斯博罗市的玛德琳·斯万妮的遭遇就是其中一个例子。她花了几个小时参考自己最喜欢的科幻小说写了一个短故事：

我知道老师会喜欢这个故事，会在全班朗读它。老师会给我一个我梦寐以求的 A。那次写作时的热情仍然挥之不去。老师终于将同学们所写的故事返还回来了。拿到我的作业时，我的手在发抖，我的心在怦怦地跳。我的手一直在颤抖，因为我意识到我是多么的愚蠢。我感到羞愧和尴尬。我写的故事几天前还很生动，现在却在我的手中死去了。字里行间的"伤痕"表明我只能得 C。如果老师对我的故事加一些评论，或者有一些对我的努力表示鼓励的话语，这令人伤痛的分数或许更容易让人接受。但是，这些都没有。没有对我这个缺乏安全感和成就感的学生/作者/人写下任何话语！老师似乎不是在和我进行交流，而是在和一台功能失常的机器交流分段、句读、拼写，就好像在交流程序设计中的错误。（Barell，1995）[95]

幸运的是，负面经历能够引发积极的成长。玛德琳将这痛苦的经历化为力量，最终成为一名英语教师。她认为每个孩子都是一个有价值的人，他们的行为能够超越我们的希望。

我们在大学教那些想成为教师的青年学生时，总是做出一套标准来评价他们的作业。因此，在评判作业时，我通常依据这一套标准来判断，然后给出具体的建议，让他们知道，为了让这次作业更出色，他们还需要做什么。但是，一些教师告诉我，他们的工作没有得到任何评论，就只有一个 A。这是因为我们的标准上有相关的描述，他们依据此标准可以不断完善自己的工作，最终得到最高的分数。

这是我们要与学生共同制定评估准则的原因之一，即让所有学生知道我们看重什么，我们希望在终期报告中看见什么。我们如何着手建立一套标准呢？

1. 由于学生从来没有这样做过，因此一开始他们可能很难确定一套好的标准。我们可以向他们示范，问他们："是什么让一件礼物成为极好的生日礼物？"然后让学生讨论这个礼物的标准：你想要的、你能用的、很干净、其他人没有，等等。

问学生一部好的电影是什么样的。确定他们用来判断一部好电影或自己喜欢的电视节目的标准。顺便说一下，当我们做出基于标准的判断时，我们将会了解到我以前的同事马特·李普曼（Lipman，1988）对批判性思维的定义。

2. 然后转移到他们的学习项目上。让学生思考他们的终期汇报及其对作业质量的期望。"我们都希望做得很出色。"

3. 问学生："你认为一份出色的作业看起来是什么样子的？让我们找出一些大家都同意的理由、元素、因素或特征。比如说，我们希望我们的作业写得很好：语言使用得体、句子完整、拼写准确……"

4. 你的作业还有哪些特征能表明你已经掌握了这个话题？

5. 一旦得到了一组标准，我们就问："如果我们判断某个作业是出色的，它在每个指标上是如何体现出来的？"

比如，如果我们说你应该了解这个话题，接下来我们就会以 1—5 的等级来衡量（1 表示不了解，5 表示非常了解），在这里，我们是希望学生能帮助我们彻底想清楚在 4/5 这个分值上的理解有什么特征。其他一些标准可能还包括陈述（口头演讲、艺术作品的质量）、报告的外观、书写技巧、组织、探究的过程和思考的质量，等等。

6. 列出那些能够让一个作业得到 A 或 5 分的特征。比如说，理解内容：

A. 辨别出重要的事实和信息。

B. 将这些事实进行比较/对照。

C. 解释这些事实很重要的原因，得出结论。

D. 回答来自其他同学针对这个主题的提问。

E. 以"倘若……会……"的问题对终期报告提问。

F. 其他。（见图 7.1）

这是一种很好的方式。其他方式包括向学生展示我们开发出来的评分模型，解释每条评分标准的目的，让学生修改或开发自己的评估准则。

下面就是由一些教师开发的评估准则：

世界如何运转：古代文化遗产

在学习古代文明这一单元时，莉斯·德布雷运用她的评估准则来帮助学生进行自我评估。

下面是莉斯和她的同事在单元学习过程中的一个问题情境：

你是一个人类学家。有人要求你写一篇文章，讲述你最近穿越到古代文明的一次旅行。这篇文章应该是关于古代文明和现代文明在文化上的联系。你在文章中要说出你穿越去往的是古代的哪种文明，为什么你要去那儿。同时，这篇文章至少包含古代文明和现代文明在三方面的相似之处。最后，解释为什么你的发现对现今的人们很重要。你觉得为什么文明的某些方面会长时间保持不变。

总结性评价评估准则

了解话题

涵盖了古代文明和现代文明在文化方面的 3 个相似之处。

1   3   5

详细地描述了相似之处。

1   3   5

涵盖了为什么这些相似之处对我们今天而言仍然重要的陈述。

1   3   5

写作技巧与写作风格

书写整洁。

1   3   5

句子完整。

1   3   5

文章有意义，其他读者能理解。

1   3   5

包括五个段落。第 1 段是开头，第 2—5 段是相似之处，第 5 段陈述为什么这些相似之处对我们很重要。

1   3   5

内容评估准则的评分标准

1=学生将古代文明与现代文明中的 1—2 个文化概念进行了一次比较。

3=学生将古代文明与现代文明中的 2 个文化概念分别进行了一次比较。

5=学生将古代文明与现代文明中的 3 个文化概念分别进行了一次比较。

1=列出了相似性，但是没有具体解释。

3=列出了相似性，其中一些相似性有具体解释。

5=每个文化概念都列出了 3 个相似性，同时进行了具体解释。

1=学生列出了 1 个理由说明这些相似性为何现今很重要。

3=学生列出了 2 个理由说明这些相似性为何现今很重要。

5=学生列出了 3 个理由说明这些相似性为何现今很重要。

写作技巧的评分

1=整篇文章的书写勉强能辨认。

3=整篇文章的书写在某种程度上比较整洁。

5=整篇文章的书写干净整洁、清晰易读。

1=只有几句话是完整的。

3=一些句子是完整的。

5=几乎所有的句子都是完整的。

1=几乎所有段落都读不通。

3=一些段落能读通。

5=全文大部分都能读通。

1＝写了1—2段。

3＝写了3—4段。

5＝写了5段。

你会发现莉斯已经确定了评分标准，并且在评分标准中给出了详尽的描述，以供教师和学生查看。当她设计评分标准时，我们通过邮件讨论修改上面的评估准则和评分标准，让学生分析古代文明与现代文明的不同之处和相似之处。我们发现这种修改很重要，因为学生通过分析一些文化元素不存在的原因所学到的东西，不会比通过分析那些仍然是我们生活的一部分的文化元素所学到的东西少。比如说，我们应该问："为什么我们不再修建帕台农神殿和罗马竞技场呢？"我们只是沿用这些宏大建筑的一些元素。但是，我们确实会用各种材料修建宏大的体育场。有时候，这些体育场在使用30年后就被拆除了。为什么呢？我很好奇。

在这个单元里，在学生对古代文明和现代文明进行了对比和比较之后，我们找出多种方式来帮助学生得出自己的结论。莉斯用许多种方式来帮助学生超越简单的对比和比较，将他们引向更具有挑战性的任务，让他们思考这种差异或相似对他们自己来说意味着什么，对文明的发展意味着什么，对相关的艺术意味着什么，等等。对一些学生来说这不是一件很容易的事情，直到莉斯教给他们一些主干句，比如："所有这些对我来说意味着……这对建筑艺术来说很重要，因为……"

Resource A中有莉斯的一些学生的文章。Resource B是一个具有挑战性的评估准则，专为可以研究的科学问题制定。

小　结

评估很重要，因为我们用它来判断学生对他们正在学习的话题的理解程度。正如我们上面所说的，可以用多种方式来判断学生们对他们正在学习的内容的理解程度。我们要尽可能地使用多种方式来判断。

有一个问题我们还没有解决，即"我们如何知道学生的提问能力在提问过程中正在提高？"。我们必须另外找机会来谈论这个问题。在这里，我只是想说这个问题很重要。其中一种判断学生的提问能力得到提高的方法，就是让他们在每个单元的学习中使用探究日志。如果学生们在学习过程中记下了自己的任务、好奇、发现、新问题以及结论，那么学生就可以在每一单元、每一学年、每一学段不断反思他们的问题和学习结果，就好像博物馆磁石学校的校长吉尔·莱文所发现的那样。这些反思对他们自己、他们的父母以及我们而言，都是最有趣的。这些反思会促使他们升入高年级学习时更自信。

Resource A：学生的文章

下面是莉斯的一些学生的期末作业。她和同事带 3 个班，每个班都由四、五两个年级的学生混合而成。你如何评价他们？你能从这些文章和莉斯等人对学生的抽象思维能力的判断中得到什么启示？

2006-12-20

亲爱的读者：

我刚从古罗马回来。我在那儿有新的发现。现在，我来告诉你我发现了什么。我研究了古罗马的日常生活、传统和教育。

首先，我来告诉你古罗马的日常生活。在古罗马，穷人住公寓，而富人住大房子。你知道吗？现在的穷人住在大街上，还得辛苦地工作。在古罗马，穷人要努力工作。当他们挣到钱时，就可以拿它买东西。

现在，我来告诉你有关罗马的假日和传统吧，然后我会告诉你现在的假日和传统。在古罗马，情人节那天，一个男孩会从一个帽子中选出一个女孩的名字。不管选到了谁，这个女孩都将是他的女朋友。现在，在情人节时，我们给女孩或我们爱的人送贺卡和蛋糕。罗马人在 1 月 1 日庆祝新年，这与我们现在一样。他们与我们一样也会在庆典时放鞭炮，就好像我们在 7 月 4 日那样。你从中学到了什么？

下面我要告诉你罗马的教育。你知道吗？在古罗马，女孩不需要去上学，但是男孩要学习写文章和演讲。他们的笔看起来很奇怪，与我们现在用的笔不一样。在古罗马，他们不在纸上写字。很多好的教师都是奴隶。你知道吗？罗马有很多图书馆。现在，女孩子都必须上学。老师不是奴隶。我们用钢笔在纸上书写，这已经不足为奇。我们也有很多图书馆。

这次旅行对我来说很重要，因为我学到了古代罗马和当下的许多东西。

挚诚的，

曼纽尔

惠蒂尔国际小学四年级

明尼苏达州明尼阿波里斯市

2006-12-20

尊敬的读者：

我刚从古希腊回来。我学到了许多东西。休闲、日常生活和艺术。

休闲：奥林匹克运动会和现在一样。尽管其中一些运动不一样，但是许多运动都与现在的一样，比如田径赛。

艺术：他们与我们现在一样，也有绘画和雕刻。

日常生活：那里的孩子们玩玩具，我们也玩玩具。

这次旅行对我来说很重要，因为我了解了过去的许多东西。

挚诚的，
四年级的杰卡瑞

尊敬的读者：

我刚从古代的阿芝特克文明回来。那儿的文明与我们现在的有很多相似之处。我了解了古代传统、艺术和时尚。将我们的文明与另一个文明进行比较，我感到很兴奋。

我首先了解了传统。我们有很多的相似之处，比如在教堂布施。我们在寺庙里祈祷，他们也是。在古代的许多婚礼中，平民只有一个妻子，就跟我们现在一样。

我很高兴能了解古代艺术。下面是一些共同点。我们现在和他们那时一样也弹奏竖琴。在古代的阿芝特克，人们也有跟我们一样的节日。我们都有宽扎节。他们写的诗歌和我们写的故事和诗歌一样。

我了解了时尚，这是我最后做的比较。现在的妇女们与古代的阿芝特克的妇女们穿着一样。她们都穿凉鞋，也都用化妆品。

这次旅行对我来说很重要，因为古代阿芝特克文明与现代文明的差异性少于相似性。

四年级的沙瓦玛

尊敬的读者：

我迫不及待地想告诉你我去古埃及的旅行。我了解了艺术、休闲和传统。

古埃及人的墓穴让人惊讶，因为当一个法老死后，他会有一个特制的墓穴。这个墓穴用涂料状的物质装饰着。这让我想起了林肯纪念碑。这是一个很特殊的地方，是为了纪念林肯总统的。然后，我去了学校。学校里没有女孩子。我问他们女孩子都去哪儿了。他们说女孩子都在家工作。这让我想起了女孩和妇女没有权利的时代。接着，我又去看他们的教堂。我看见了一个教堂，跟我们现在的教堂很相似。

然后，我去尼罗河杀河马（这在当时是一种游戏）。这让我想起了猎杀鲸鱼或鲨鱼。接着，我去了一个餐馆。女孩子们在跳舞。这让我想起在同一个时候又看电视又吃饭。最后，我看见一个法老在餐馆里看一个女孩在跳舞。这让我想起现在那些有舞蹈表演的餐馆。

古埃及的艺术品很漂亮。他们在窗户上挂窗帘，就跟我们现在一样。斯芬克斯像让我想起了自由女神，因为他们都是艺术品，都有人的面相。

这些都是很重要的信息，因为艺术家可以从古代获得很多灵感。比如说，即使我没有了解古罗马，我知道建筑家设计圆顶运动场的想法就是从罗马的竞技场而来。所以，建筑家可以从古代获得与众不同的新观点。

挚诚的，

哈森

Resource B：其他规则和最终产物

在一次探究性教学的研讨会期间，谢瑞扎德参观了美国自然历史博物馆。她在发言时，分享了她和她的六年级学生一起设计的评估准则。这些评估准则主要针对那些值得探究的科学问题而设计。

提出有意思的实验问题

分类	优（3）	（2）	需要提高（1）
问题的类型	对变量进行比较的问题。问题可能以"……是如何……"开头，比如，（自变量）是如何影响（因变量）的？	一个只能用"是"或"否"来回答的问题。比如，"植物会移动吗？"	一个只能由专家才能回答的问题（可能以"为什么……"开头），比如，"天为什么是蓝的？"
词汇	对科学词汇的完美运用；完全理解所使用的单词。	使用了一些科学词汇；没有完全理解所使用的单词。	没有使用科学词汇；使用"它/它们"等代词；即使使用了一些科学词汇，也没有理解这些词汇。
细节	问题确定了要探究的具体变量；包括详细描述该如何去操作，实验要测评哪些人群以及所期待的实验结果是什么。不包括比如：每天给植物土壤中浇的水量是如何影响植物的生长速度的？	问题确定了要探究的具体变量。不包括："水量是如何影响植物的生长的？"	问题只对实验中的变量进行了大致界定，没有确定具体要探究的变量。不包括："水是如何影响植物生长的？"
拼写和语法	没有拼写错误；语法正确。	有一个或更多的拼写错误；有一些语法错误。	有许多拼写错误；语法不正确。

实践机会

1. 选择你已经完成的一个单元。使用真实性评价重新设计这个单元的形成性评价或总结性评价。

2. 在这个单元里要重点强调鼓励学生用多种方式展示他们对主要概念的理解。

3. 你如何让学生在学习这个单元时有选择权？

4. 重复1—3题中的步骤，在一个新单元中设计评价。依照第4章中列出的设计过程，确定问题情境、目标、策略和评价。

5. 要确保总结性评价涵盖多种形式，是水平Ⅱ和水平Ⅲ上的智力活动，同时还要确保评价是真实的（Wiggins，1998）。

如何在音乐、体育、美术教育中培养探究精神?

为什么迭戈·里维拉的画让世界震惊?

当我们在阿瑞安的三年级班上讨论那些对我们生活产生重大影响的人时,他向学生提了这个问题。那天,学生们正在学习有关艺术家的主题。我将下面的问题情境展示给他们:

假如有人要你为明尼阿波里斯市艺术博物馆去设计一个特殊的侧翼。你希望把那些对人类生活产生重大影响的人放进这个侧翼里。你会选择谁,为什么?你会如何安排这个展览?

这个问题情境会促使学生找出他们最喜欢的艺术家及其心目中的英雄人物,比如马丁·路德·金、穆罕默德·阿里、迈克尔·乔丹。在这个普通的教室里,我们正在讨论许多为人类生活做出了重要贡献的领导人、英雄和艺术家们的作品。林达老师极为出色地向学生介绍了许多有影响力的人物。学生们又提出了其他的问题,比如,"谁是第一个艺术家?"、"谁发明了电?",等等。

通过这些最初的问题,我们了解到学生们选择历史缔造者的标准。名气、对世界的影响力等因素是其中的一些要素。阿瑞安问题的有趣之处在于它促使我们让他和他的学生形成了这样一个问题,即"我们怎样才能提出一个与所有的艺术家或所有重要的人都相关的问题?"。学生们差点被这个问题难倒了,但是最后他们能够问道:"这些艺术家对他们的文化以及其他艺术家产生了什么影响?"

鼓励学生提出更宏大、更深刻的问题,是一项重要的任务。在大部分单元学习中,我们在单元的开头就会启动这项任务。因为很多人都发现我们起初的

问题都是水平Ⅰ上或在一定程度上具有局限性。（参见第6章中莉斯在古代文明这一单元中的问题）

下面的例子告诉我们一个教师是如何确信自己已经将所有著名艺术家都纳入"历史缔造者"这一学习单元的。我们时常会忘记，艺术家就是那些帮助我们从不同视角看待世界的人。想一想古希腊和古罗马雕像中的抽象性和现实主义，米开朗琪罗的《创世纪》中的神人同形同性，莫奈的《干草垛》和《议会大厦》中明暗的变化，莫扎特的协奏曲的纯洁，贝多芬第3、5、7交响曲中的强大力感，毕加索的《格尔尼卡》中不和谐的画像。所有这些艺术家都将他们对世界的看法表达了出来，其中一些令人愉悦，另一些让人震惊。

这就是我眼中的艺术，它不是某种漂亮的东西，尽管它可能会符合这个标准。一件艺术作品表达了作者如何面对和观察他或她自己的经历。其结果通常就是产生一种看待世界的新视角。（想一想毕加索的颜色分期，比如蓝色时期，或者想一想他对立体主义的运用，比如，《亚威农少女》。）一件艺术作品会促使我们从艺术家本人的视角去看待生活、体验生活。我们通常会感到震惊、舒适、兴奋、大开眼界或深受启发。

一件艺术作品是一个人对自己经验的诠释。我们可以从一件艺术作品中找到下面的某些特点：

1. 深刻情感的表达。比如凡·高的《星夜》、肖邦的《F小调幻想曲》《沙特尔大教堂》。

2. 用多种观点/视角/方式看待相似的东西——用一种新方式解决一个美学问题。

3. 艺术家们提问的例子，比如："我如何把这束花或这片景色表现出来？"

4. 最大限度地表现人和动物的多样性，比如《夏洛的网》《小海龟富兰克林的故事》《帝企鹅日记》等。

5. 用多种媒介表达概念和观点，比如音乐、绘画、雕刻、编制、舞蹈、戏剧、建筑等。

6. 唤醒我们所有的感觉。

7. 意识到历史和文化有不同时期，知道艺术作品可以如何表达。

8. 运用一些美学概念，比如空间、旋律、节奏、时间、组织（作曲）、戏剧、颜色、纹理、线条、形状、语言的运用（如明喻、暗喻）。

9. 以某种媒介创作艺术作品所需的具体技能。

10. 艺术家们在创作过程中使用创造性思维、判断性思维、反思性思维的例子。（注意：贝多芬多次改变第五交响乐的开篇，但是莫扎特完全不改动自己的

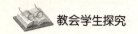

初稿。)

当我们学习或创作艺术作品时，可以发现其中的一些要素。

在《诗之辩护》中，雪莱（Shelly，1821）说："诗歌掀开了世界中被隐藏起来的美，让熟悉的事物变得似乎不再熟悉……通过不断补充让人愉悦的思想，它扩大了想象的范围。"

> "诗歌掀开了世界中被隐藏起来的美，让熟悉的事物变得似乎不再熟悉……"

有时候我们会忘记一个艺术家能把过于抽象而难以理解的东西引入我们的生活。如果没有他们，我们只能模糊地观察或感受到这些东西。我们有原子的模型，有情意绵绵或忧伤凄凉的诗歌，有伟大学园的图片（拉斐尔的《雅典学派》），有反映激烈冲突的图片（德拉克洛瓦的《自由引导人民》）。我们有伟大的纪念碑来纪念众神（帕台农神殿）和凶残的斗争（罗马竞技场）。

通过学习某个时期的艺术，我们任何一个单元的教学都会让学生从中受益。这些学习能够帮助我们解释复杂的艺术（回想一下板块构造理论、立法程序、创造本身的行为）。

正如雪莱所言，诗歌乃至所有的艺术能让我们以新的眼光看待熟悉的事物，能让我们看见以前不曾注意或忽略的事物，能让我们注意到日常生活中的新东西。

"我喜欢你的画，因为……"

在另外一个班，美术老师让二年级学生画了许多房子。然后，我们就开始谈论艺术。我们问自己，"两个艺术家聚在一起相互讨论对方的作品时，他们会说什么？"我们形成了一些回答，但是下面这些是我们为二年级学生设定的：

- 这就是我在你的画里所见的。
- 这就是我喜欢的。
- 在这里，我好奇的是……

在课堂上，学生们组成小组，静静地尝试开始这一过程。我们先向学生示范，然后学生们开始独立探究。大约过了二十分钟，我们让一些学生分享他们从同伴的画中看见了什么，他们喜欢画中的什么。这是一种让学生去观察、思考和提问的方式。在这一过程中，我们知道了一些学生是如何运用他们刚学到的艺术的多种要素来形成对自己正在画的建筑的独特理解。

接着，我们就可以运用形成性评价或总结性评价来评估学生对如何运用形式、色彩、线条、纹理、空间的理解。我们想帮助学生成为一个好的探究者，能欣赏自己和他人的艺术作品。一个教师仅仅说出以下这句话是不够的，"胡安，我喜欢这幅画，你得了一个 A。"我希望学生能够鉴赏自己的作品，说："我喜欢它，因为……"或者"我需要在这方面努力，因为……"我们还希望学生能够了解艺术创作中的一些主要概念、技巧和观点。

观察、思考和提问

我还没有意识到我正在示范一个探究过程（在后面我还会提到）。当我被邀请去参观蒙特克莱尔州立大学几个《艺术史入门》课堂时，我就用了观察、思考和提问这一过程。我最喜欢的画是拉斐尔的《雅典学派》。拉斐尔在 1509—1510 年期间在罗马教廷教皇宫签署厅画了这幅壁画。当打开它时，我开始观察其他人在这幅人类思想史的图画中看见了什么。在这幅画的中心的一端上，我们看见了柏拉图、亚里士多德。在他们周围是苏格拉底、齐诺、伊壁鸠鲁、第欧根尼、托勒密、欧几里得、赫拉克利特。我让学生说一说他们在这幅画里观察到了什么。"这好像是一个学校……他们正在思考……交谈……研究一些深刻的主题……这里所有一切都是关于推理的……"，等等。

我感到有趣又富有挑战性的是他们在观察中提出的一些问题，比如"你在哪里看见了这个？是什么告诉你这是一个学校的？是什么告诉你他们正在思考？是什么告诉你这里所有的都是关于推理的？"。有学生尝试着对这些问题进行总结。拉斐尔可能打算描述上面的所有东西，但他只是在一个十分笨重的画框中描绘了蓝天阳光下许多的人物，以此展现他的"雅典的学校"（有人认为反映了正在修建中的圣彼得大教堂）。

学生们观察画中的人物以及他们的外形、姿势、服饰、空间位置。他们将自己的观察与已有的知识联系起来，然后得出一个结论，即"这幅画与思考、推理和哲学有关"。

我们可以恰当地运用其他任何绘画或艺术作品来开展这一活动。成为一个优秀的艺术作品观察者，能够促使学生热衷于观察自然和人性。比如说，思考一下我们如何将下面这些图片运用到单元教学中：

- 《格尔尼卡》 毕加索
- 《创世纪》 米开朗琪罗

- 《蒙娜丽莎》 达·芬奇
- 帕台农神殿、罗马竞技场、埃及和中美洲的金字塔（我们可以分析这些建筑物中包含的数学知识）
- 《干草垛》《议会大厦》《水中百合》 莫奈
- 《生命旅行》 托马斯·科尔（四幅图画，描述了人生的不同阶段，也可以看他的《帝国兴衰》）
- 《尼亚加拉》 弗雷德里克·丘奇
- 《暴风雪》 特纳
- 《奴隶》 米开朗琪罗
- 《思想者》《上帝之手》 奥古斯特·罗丹
- 《市区广场》 阿尔贝托·贾科梅蒂
- 《X 夫人》《罗斯福》 约翰·萨金特
- 《戴珍珠耳环的少女》 约翰内斯·维米尔
- 《东方罂粟》 佐治亚·凯夫
- 《在剧院》 玛丽·卡萨特
- 《自画像》 弗里达·卡罗
- 《在公园》 贝尔特·莫里索

我们可以继续罗列。你可以在 www.google/images 上找到大部分艺术家的作品的复印品。我们这样做的目的在于：

1. 向学生介绍艺术的奇妙之处。

2. 给他们提供重新看世界的机会。

3. 让他们练习观察艺术家们所创造的艺术作品。

4. 通过问一些问题，比如，"他/她是如何创造这件艺术作品的？他们为什么以这种方式来创造？他们为什么会选择这些？他们在思考什么"，为他们提供机会像艺术家一样思考。

5. 针对不同的单元主题，我们总是能够找到一些艺术作品作为补充材料，展示另一种视角。

社会学习	文学	科学	数学
德拉克洛瓦	特纳	丘奇	金字塔
莫奈、马奈	科尔斯		帕台农神庙
卡萨特、卡罗			

使用艺术作品很重要，因为艺术作品反映了一个人对世界的看法，可以告

诉我们艺术家们眼中的文化、历史、科学和文学。通过对自然生命的刻画，每个艺术家都开启了世界上未经探索的领域。艺术作品极为重要，且具有创新性，从而让世界变得有意义。

父母和艺术家

我姐姐罗宾还是一个年轻妈妈时，她住在马萨诸塞州的韦尔斯利。她和其他一些父母参与到一个志愿者项目当中，将艺术引入几所学校。其中一名艺术老师认为，将艺术作品引入三四年级的课堂，让学生成为艺术作品观察者是一个不错的主意。罗宾从艺术人员那里接受了专业发展的培训，然后经常去韦尔斯利的学校。

她记得，她向孩子们展示了两幅不同的画，让孩子们思考同一个艺术家的两幅作品，或者不同艺术家画的相同主题的画。她不记得任何具体的艺术家了，但是她的展示让我们想起了下面这些作品：

相同的主题

帆船　　　《顺风》　　温斯洛·霍姆
　　　　　《风帆》　　爱德华·霍普

儿童　　　《年轻的女孩们》　玛丽·卡萨特
　　　　　《镜子前的女孩》　诺曼·罗克韦尔

学校的生活　《教师的生日》　诺曼·罗克韦尔
　　　　　《雅典学园》　拉斐尔
　　　　　《杜普教授的解剖课》　伦布兰特

农场的生活　《割麦》　托马斯·本顿
　　　　　《农村夏日》　格兰特·伍德

夜间　　　《星夜》　凡·高
哈勃太空望远镜的图片：雷雨、烟火，从澳大利亚的珀斯观察到的麦克诺特彗星（http://antwrp. gsfc. nasa. gov/apod/ap070205. html），犹他州上空的银河系（http://antwrp. gsfc. nasa. gov/apod/ap060801. html）。

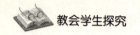

相同的艺术家——不同的/相似的主题

- 莫奈的《干草垛》《议会大厦》《水中百合》
- 毕加索画的头、脸、肖像
- 玛丽·卡萨特的《年轻的女孩》《床上早餐》
- 弗里达·卡罗的两张自画像
- 米开朗琪罗的《奴隶》《圣殇》
- 伦布兰特不同的自画像
- 任何一个艺术家同一首歌的不同版本，比如弗兰克·辛纳特拉的《夜以继日》，约翰·柯川的《我的最爱》

我们能借助艺术做什么，取决于我们对创造过程的兴趣，我们花一点时间搜索图片的意愿（www.google/images 上的图片是免费的），我们将艺术融入每个单元的创造性能力。不论是哪个主题，我们都可以找到相关的现存艺术作品。这些艺术作品在某种程度上能够提高我们对那个主题的理解，进一步发展学生的能力，让学生成为更敏锐的观察者，让他们反思自己的观察（也就是让其与已有知识联系起来），让他们提出自己感兴趣的好问题，就好像阿瑞安的问题："为什么迭戈·里维拉的画让世界震惊?"

听起来我好像是在倡导用艺术作为媒介去理解其他的主题，这是我们其中的一个用意。另一个用意是将艺术看作我们在世界里创造意义的多种表达方式，这是将艺术本身当作目的。

"如果音乐是爱的食粮，那就弹奏吧……"

音乐就其光芒四射的表现力来说，无疑是一种艺术形式。它与绘画和手工艺术（比如雕刻、建筑、制陶等）一样能普遍使用。我生长在古典音乐的氛围之中。我的父亲是明尼阿波利斯市青年交响乐管弦乐队的小提琴手。我的祖父和曾祖父住在意大利时，我们家还有一个大剧院。

我的妻子南希年少时就听了《虚构的舞厅》，从此以后她成为爵士音乐和流行音乐的爱好者。她是全国公用无线电台的流行音乐节目主持人，目前正在播放她自己的节目 "聚焦辛纳特拉的爵士音乐"（www.live365.com/stations/nancyann3839）。毋庸置疑，我们的房间里总是在播放音乐，要么是古典音乐，要么是简朴的爵士音乐。因此，我对音乐和探究的反思都有很深的家庭渊源，从学校里反而学得很少。

下面就是我深感好奇的:

通过让学生观察、练习和倾听各种管弦乐器,我们能教给学生音乐的奇妙之处吗?我们可能需要借助本杰明·布里顿的《少年管弦乐指南》、《彼得与狼》或其他作品来展示大部分的乐器。

给学生播放爵士音乐、古典音乐、乡村音乐、流行音乐、说唱音乐、拉格泰姆音乐等音乐类型,然后让他们仔细倾听,使他们有机会观察自己正在听的音乐,就好像观察一幅画、一首诗或一个海贝一样。这样,我们能将音乐教给学生吗?

比如说,通过播放下面的音乐或音乐片段,我们能够激发学生对音乐的兴趣吗?

- 《波列罗舞曲》 莫里斯·拉威尔
- 《第五交响曲》 贝多芬
- 《星条旗永不落》 苏萨
- 《我在纽约的心情》 比利·约尔
- 《生于美国》 布鲁斯·斯普林斯汀
- 《梦幻女郎》节选
- 《西班牙素描》《泛蓝调调》 米勒斯·戴维斯
- 《琴弦上的查理·帕克》
- 《我的最爱》 约翰·柯川
- 《搭乘A号列车》 杜克·埃林顿
- 《先锋三重唱》 比尔·埃文斯
- 肖邦的华尔兹、谐谑曲、波兰舞曲
- 任何好的清晰的说唱音乐

你还可以继续罗列。为了向学生介绍不同的音乐风格,你还会选择哪些其他的音乐?他们能够辨认出你希望教给他们的那些风格要素吗?

通过使用伦纳德·伯恩斯坦的《林肯中心的少年音乐会》,我们能向学生介绍古典音乐的奇妙之处吗?这些视频的画面虽然有点粗糙,但是反映了伯恩斯坦对音乐的喜爱。这些视频反映出他对一些问题的答案,比如,"音乐意味着什么"、"什么是美国音乐"、"什么是管弦乐"、"什么是旋律"、"什么是奏鸣曲"。(www.kultur.com)

正如前面所言,我没有看见上面的任何观点在课堂里被落实。但是很早以前,在我指导那些年轻的音乐实习教师时,或者在我与一些音乐教育工作者交

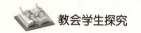
谈时，我就开始积累在这方面的经验了。

音乐甚至比绘画还能让我们拥有强烈的积极情感。马勒的第二交响曲、柴可夫斯基的第五交响曲、贝多芬的第七交响曲以及许多其他交响曲至今仍深深地打动着我。柴可夫斯基、布拉姆斯、舒曼、葛利格的钢琴协奏曲在创造强大的旋律方面是无与伦比的。这些旋律被华丽的管弦乐曲围绕着。维瓦尔第和格拉扎罗夫的《一年四季》等管弦乐也不错。普契尼的《今夜无人入睡》在力量、情节和动人的旋律方面无与伦比。

我们每个人都要选择适合各个学段的学生的音乐。我不想在这个领域冒充专家，我只是十分喜爱音乐本身。

"我的目标是什么？我将如何达到它？"

上学时我对体育很有感情，我的健康意识、身体健康和身体敏捷都是老师们的功劳。高中时，我参加了羽毛球、棒球和田径赛跑。我从中学到的远远不止具体的技能。我学会了通过有规律的体育锻炼和保持良好的饮食习惯来保持良好的身材。我最近有两次开展探究活动的课堂尝试。

确定目标

一天，在明尼阿波里斯市的伊丽莎白·霍尔国际小学，我与一群四年级学生合作得很愉快。他们的老师托德·郭戈里简要地向我说明了他们的热身活动和要玩的游戏。我的目标就是示范探究策略。我告诉托德让学生自己确定目的是最合适的。

托德让孩子们进行热身活动，包括跑、跳、伸展运动、俯卧撑。当我跪在地板上时，我前面的一个学生不假思索地说："你不能做俯卧撑！"结果，我与他做的俯卧撑一样多，甚至可能比他还多一个。然后，我拿着篮球，从三个不同的位置投了三次篮，中了两次。

我问这些学生："我投中了几次？"

"两次。"

"我想投中几次？"

"三次。"

"那么，我的目标是什么？"

"投三次中三次。"

然后，我们开始探索如何确立目标。下面两个问题就是我想让学生学习的，同时希望他们能将其运用到生活中：

我的目标是什么？

我将如何达到它？

我问他们如何提高自己的投篮技能。他们说练习，练习，再练习。然后我让他们确定自己的一些目标。起初，一些学生说了一些自己在运动方面的目标，然后又说到生活目标：

我想成为一个钢琴演奏家。

我想成为篮球运动员。

我想从大学毕业……

针对每个目标，我都问："你将如何完成你的目标？"我听到了各种答案，"工作……努力学习……向他人学习"，等等。

在剩下的一些学生说出自己的目标后，我就问："如果我们想成功，我们要问哪两个问题？"他们一起回答道："我的目标是什么？我将如何达到我的目标？"

这节课的最后，我拿起篮球，从三个不同的地方投了三个球。幸运的是，这三次投篮全进了。

为什么这两个问题很重要？

什么在学校里会有效，马扎诺对此做了很好的概括，其中一个要素就是确定目标，"目标本身不仅会让一个团队成功，也会让团队变得团结和有效"（Marzano，2003）[36]。其他研究也指出对学生抱有高期望是有效的。除了这些有关成人为他们树立目标的研究外，还有一些研究是关于我们为自己树立目标的研究。

芭芭拉·麦库姆（McCombs，1991）注意到，为自己设立目标与我们内在的学习动机相一致。当这些四年级孩子注意到自己的目标时，他们的目标就会激励他们勤奋学习，促使他们在达到目标的过程中不断监控自己。其他一些研究也表明在成功的过程中，学生为自己树立子目标的有效性（Marzano et al，2001）[95]。

商业领域的一个主要发现就是个人和团体为自己确定目标是很有效的。"许多研究一致表明确定目标是一种激励手段。确定表现性目标能够提高个人、团体和组织的表现"（Kreitner & Kinicki，2001）[256]。我们从中学到："有挑战性的目标会引发更好的表现。"对所有目标而言，参与者需要得到来自教师、学生和父母的反馈。我们需要知道在达到目标的过程中，我们表现得怎么样。自我评分准则对我们的帮助会很大（参见第7章）。我在体育课上开始做的，同样也可以用于其他课堂。

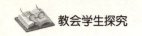

回顾与反思

我们如何帮助学生确定自己的学业目标？在何种情况下我们要强调学生对自己的学习负责？较低年级的学生在何种程度上能够参与到自我控制当中来？

回顾一下第 5 章。在那里，我们讨论了让学生进行独立学习的一组问题：

规划：我的目标是什么？我将如何达到它？

监控：我现在的表现怎么样？

评估：我完成得怎么样？下次我还可以在哪些地方改进？

我想知道的是，在哪些情况下我们能够展示这一个流程，同时又鼓励学生在项目学习过程中或达到具体目标的过程中运用它。

我们一起发明一个游戏

在惠蒂尔国际小学乔·沃拉夫特的一年级体育课上，我们尝试了一些新做法。我们决定自己发明一个游戏。乔将好几个学生带到一边，与他们一起发明一个游戏，然后在班上进行游戏展示。

我和大多数学生一起做的，就是讨论一些游戏，比如，这些游戏涉及什么，它们是如何进行的，它们的目标是什么。学生们对游戏了解很多，也有许多自己喜欢的游戏。一些游戏是从课堂里学到的，一些游戏是在操场上了解到的。我们讨论了电视里出现的一些全国性的运动，比如足球、棒球、篮球等。

在这里，我们的目标是鼓励学生成为一个好的观察者，让他们对自己看见却又不理解的东西产生好奇。经过几分钟的准备，乔让他的学生们玩一个游戏。这个游戏是让学生在蓝色的垫子围成的安全区之间来回跑动，同时又要不被捉住或碰到。这是触碰捉人游戏的一个特殊版本，在时间、惩罚等方面的改动都很大。观察者必须知道发生了什么。

学生们玩了几分钟游戏后，坐下来，倾听或回答他们的朋友的问题：

"你是怎样玩这个游戏的？"

"游戏的规则是什么？"

"游戏的惩罚有哪些？"

这些问题都是水平Ⅰ上的问题。然后他们提了水平Ⅱ和水平Ⅲ上的问题：

"如果你忘了规则，会怎么样呢？"（这个问题来自一个曾经刚好忘记游戏规则的小孩。）

"如果你不得不坐下来，你感觉如何？"（我认为这个问题的意思是你被碰到了。）

在我们交流的过程中，一个老师说："我喜欢游戏的过程，但是不喜欢坐着的时间。"在这里，我们讨论了要优先考虑的问题。什么时候探究过程会成为教学内容？什么时候花时间让学生成为一个好的观察者、分析者、提问者和问题解决者是合适的？

不论是在体育馆里跑步，在厨房里烤面包，画一幅画，还是在物理或技术建模过程中，我们总是愿意去行动，忙个不停。什么时候来反思我们的探究过程呢？反思过程在整节课中有多重要呢？

这节体育课阐明课程中的优先事宜和我们在任何课上的时间分布。比如说，如果我们希望学生不仅有良好的体育技能，还能成为敏锐的观察者，能观察到这些游戏怎样玩，我们如何控制自己的身体、情感和智力活动，那么，我们就需要给他们提供时间让他们去发明游戏，然后对他们看见的东西进行观察和提问，就像乔·沃拉夫特所做的那样。

其中一名体育老师问道，尽管他可以花更多时间让学生更多地提问，比如，投篮之前双膝为什么要弯曲，打排球时为什么要扣球，我们为什么会不择手段地去赢一场比赛，这些方法的利弊分别是什么。我们的目的不只是让学生坐着听从成人的指挥，而是要让学生注意，辨别出复杂的情景，然后提出好的问题。这个目标同样能运用到艺术课和体育课上吗？

小　结

通过本章所讨论的所有课堂，我们可以看出，有一点毋庸置疑：过程就是内容。也就是说，探究过程，即学习如何成为一个好的观察者、倾听者、提问者和批判者的过程，是成为艺术家的一部分，是在游戏场里进行自我控制的一部分。正如一个幼儿园教师在一节课后所言："在这里，重要的是他们学会了提出好问题，而不是机械地记忆。"

过程就是内容，这一思想也应贯穿在我们所有的课堂里。如果我们只是学习事实性知识，而没有机会来有效思考和质疑这些事实，那么我们就无法在最大限度上让我们的主题变得有意义（Parker，1969）。

如果我们给学生时间，让他们使用 KWHLAQ 策略进行探究，就好像他们是年轻的科学家、历史学家、探险家、小说家和数学家，那么过程就是内容。"我们需要知道有关这个情境的哪些内容?"这个问题要求我们像专业人员一样思考主题,以便我们在所有主题中都能处理一系列复杂的、模糊的、难以理解的情境。

过程就是内容,这虽然不是一种教学的新方式,但却是必要的一种方式。

实践机会

1. 我们如何能够在已经教授的所有单元中运用艺术作品?

2. 在下一个单元里,我们可以用什么方法鼓励学生对艺术作品进行分析和提问?有哪些艺术家能够揭示我们的主题,能够让我们领悟历史、文化和人?

3. 我们最喜爱的一些艺术作品是什么?如何将这些艺术作品与我们的学生一起分享,让他们知道艺术是想象力的产物,是将熟悉的东西变得不寻常?在探究日志里记下你对自己最爱的艺术品的反思。

4. 我们的学生或他们的父母最喜欢哪些艺术作品?如何让全班学生一起观察、思考和探究这些艺术作品?

我们如何让父母参与到探究活动当中？

"你为什么不阅读这本书？"

最初，父母和祖父母将我们引入我们可能最终要探究的世界。就我而言，这个人就是我的外婆弗洛伦斯·弗格森。一天，她正在听收音机。收音机里正在播出玛丽·玛格丽特主持的脱口秀。节目中的嘉宾是海军少将理查德·伯德。外婆听见玛丽·玛格丽特采访伯德少将时，她肯定立马就知道他是谁了。实际上，我外婆可能知道，伯德少将是第一个飞越北极点的人，同时也是继林德伯格单独飞越南极之后第二批直接飞越南极的人（有两个人与伯德少将同行），到1951年时，他已经至少去南极探险了四次。

我的外婆认真地听着，因为她知道伯德少将是世界上一流的极地探险者。她可能不知道伯德少将的前辈们，比如，挪威的罗尔德·阿蒙森（他在1911年时成为第一个到达南极的人）、英国探险家罗伯特·斯科特船长（他比罗尔德·阿蒙森晚到一个月，在返回途中与他的四个队友一起遇难）、欧内斯特·沙克尔顿（他的"坚忍"号轮船在1915年时冲进了威德尔海，成了历史上最悲惨的一个幸存故事）。

七年级时，我回到马萨诸塞州尼达姆的那个家。我外婆把这个报道告诉了我，因为她知道我要做一次读书报告。她推荐我去阅读伯德少将写的一本书。我采纳了她的建议。这就引发了一个有关探究、探险和冒险的奇妙故事，这个故事目前仍在继续。

我不仅阅读了伯德的所有书（《孤独》《小亚美利加》《发现》），我还阅读了斯科特对他那悲惨的最后一次探险的描述。这些阅读又促使我去关注阿蒙森与其他探险家的故事。我在七八年级时的读书报告都是有关极地文学的。我很

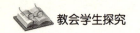

感激英文老师们对我的支持。

我对南极和伯德少将的探险很好奇。在妈妈的帮助下，我开始疯狂地写信，询问飞过极地的飞行员的经历。我写信给副指挥询问用雪橇穿过罗斯冰架去毛德皇后地探险的事宜，我还写信给内政部询问是否有可能在伯德少将的营地小美利坚站东边的格雷斯·麦金尼买几公顷的地。

> 我对南极和伯德少将的探险很好奇。在妈妈的帮助下，我开始疯狂地写信。

最后，在妈妈不断地鼓励下，我写信给伯德少将本人。我至今仍保留着那份写在规格为 8cm×14cm 的黄色纸上的手稿。手稿里还有我的英文老师奥利里的一些批注。我将信件寄了出去，过了好几周都没有收到答复。我想可能是伯德少将太忙了，以至于他没有时间来关心一个十三岁的孩子渴望加入他的探险队伍以便更多地了解他们。

四月的一天，当妈妈花园中的水仙花开得正盛时，我收到一封来自世界一流探险家的信。这封信是用蓝色墨水写成的，末尾还有手写签名。在这封信里，伯德少将回答了我所有的问题。在一个有关南极石油的问题中，他告诉我他在南极已经发现了足够多的煤矿，同时他还确定南极地下还有石油。对于在南极找到石油的可能性这一问题，他告诉我说："你完全正确……"你可以想象一个十三岁的孩子得到这个肯定的答复时的兴奋之情。

这些信不仅让我单独与伯德少将会面，也让我收到伯德少将让我和他一起去探险的邀请，还促使我加入了美国海军，乘坐伯德少将的冰河号军舰去了南极（那时伯德少将已经去世了）。这一切都让我感受到梦想的力量。

对我而言，在祖父母、父母和教师的支持下追求这个梦想，最终使我能够去南极探险。更重要的是，南极探险已经成为我的教育工作的一个隐喻——在探寻有待发现的新奇领域里，我们都是探险者。教育工作者的一个任务就是帮助学生探索他们自己的南极地带，帮助他们渡过生命难关，不断地拓展他们的眼界和视野（Barell，2007b）。

当罗伯特·斯科特在 1903 年探索极地高原西部的麦克默多海峡时，他的"发现号"轮船结冰了。在那时，他写道："摆在我们面前的是未知的世界。那个世界有什么魅力呢？"

回顾与反思

我向老师们简略地讲述了这个故事，同时给他们看了一些图片，然后让他们回忆哪位家人或其他人对于他们成为一个好奇的人产生过重大影响？哪些人向你展示了好奇心？作为一个教育工作者，你又受到了什么影响？

"你曾经对……好奇吗？"

你有没有注意到这个迷人的现象？

太阳在天顶时看起来比在地平线上时要小。

我的外公曾经问我："约翰，你是否曾好奇为什么太阳刚从地平线升起时比它在天顶看着要大得多？"他在此之前已经教过我，所以我知道"天顶"是什么意思。

"外公，我从来没有好奇过。"当我回答这个问题时，我们从他住的公寓向外凝视，看着远方那条与乔治·华盛顿桥相距不远的哈德逊河。透过窗户，他可以清晰地看见桥的护栏进入了新泽西州。

"好吧，让我们一起看看能不能把它弄明白。"他让我注意大气中的尘埃。当太阳光线通过大气层时，光线会怎么样？最后，我逐渐意识到，当太阳升起时，太阳光线穿过大气层时会让太阳的形状失真。

我的外公卢埃林·雷·弗格森是通用食品公司的一个化学研究人员。1925年，他获得了自己的第一个美国专利。这个专利是一种凝胶状的甜点，通常被称为D-Zerta。他经常问我："约翰，你是否曾对……好奇？"比如，我如何知道地球围绕地轴转。带着这个问题，我们去了康涅狄格州斯坦福德市的博物馆去看罗盘的指针在刻度盘上来回摆动。地球的转动导致了指针的位置围绕着镶嵌在墙壁上的刻度盘转动。

回顾与反思

我们所拥有的哪些经历使我们产生好奇？我们在何种程度上与我们的孩子一起分享自己的好奇？

"我简直不敢相信！"

当我的妈妈上高中时，她在小城勒罗伊（位于罗切斯特和水牛城之间）观察雪花。她的父亲是一个著名的科学家，获得过四项专利。他加入到她的观察中。"你知道吗贝蒂，最令人惊讶的是所有雪花都是独一无二的。"父亲轻声地告诉她，就好像他们俩都在凝视着窗外的雪花。

贝蒂跟她父亲一样也是一个语言爱好者。所以她立马就知道这句话是什么意思了，也就是说今天落到她前面草坪上的雪与明天的不一样，每片雪花都是不同的。

她说："我不相信。"

他疑惑不解地说："你说'我不相信'是什么意思？"毕竟，他是一个科学家。但是，她却挑战了他的结论。

"我不相信所有雪花都是独一无二的。"

"为什么呢？"

"你看见过世界上所有的雪花吗？"

听到这回答以后，雷·弗格森走开了，咕哝着那时学校到底教给了学生什么。几年前，当我陪同母亲参观美国自然历史博物馆时，我们走进了地球展厅。我提起了这个故事。她笑着说："我也不相信地球上的所有沙粒是独一无二的。"

我说："它们是独一无二的。"

你猜猜她会怎么说。

"你怎么知道它们是独一无二的？你仔细观察过所有的沙粒吗？你如何能得到这个普遍的结论？"

你有哪些故事反映出家人的好奇心和批判性思维？

"雷，你能够看到问题的另一面吗？"

我的父亲上大学时是一个好辩论的人，他为学校校报的幽默专栏撰稿。

他喜欢与我外公争论。我记得多次听他们争论美国 20 世纪 50 年代的政治。我好像记起他们在罗斯福新政问题上的争论。如果你是一个共和党人，你可能会将罗斯福新政看作一种糟糕的社会福利政策。如果你是一个民主党人，你可能将它看作大萧条时期政府援助的形式，它创造了就业机会，保证了社会安全。

我母亲曾讲过我外公和我父亲在罗斯福新政上进行争论的故事。外公滔滔不绝地谈论让政府干预我们的生活，将税收花在创造就业机会上的坏处。

我父亲耐心地听着，然后说："好了，雷，你能够看到问题的另一面吗？"

我外公看着我父亲，哑口无言，然后说："我为什么要做如此愚蠢的事？"全面地看待一个问题，对于他这样激进的共和主义者来说，太难了。

回顾与反思

你如何学着成为一个具有批判精神的思考者？一个有批判精神的思考者需要在下结论之前找到证据，有时候还需要用无礼的问题来挑战权威。一个有批判精神的思考者能全面地看待问题，能够不断地问："你是如何知道的？"

莎拉·坎贝尔是一个小女孩时，她与父母一起去外面探险。他们在道路旁边发现了一个头盖骨。在母亲和老师的鼓励下，她和她的同学把这个头盖骨打包送到了芝加哥菲尔德博物馆去鉴定它的性质。一个科学家认为这个头盖骨是一条小牧羊犬的头盖骨。他怎么知道这条牧羊犬是小牧羊犬的呢？因为骨头还没有全部融合。

当莎拉自己有了孩子后，她住在密西西比州的杰克逊市。她也鼓励年幼的儿子南森的好奇心。一天，南森大喊着："妈妈，妈妈，狮宝宝。"

莎拉继续说：

我走出去，看见他正指着两只蜗牛。它们匍匐在一个黄色的塑胶玩具车上。他告诉我他想把它们放进玩具车里。我找了一个水桶，在里面放了一些水，因为我看见这两只蜗牛正沿着一个湿的表面爬行。我以为它们是水蜗牛。我把这个玩具车带到了楼上，把它放在了厨房的柜台上，然后出去了。当我回到厨房取东西时（是取尿布还是钱包），这两只蜗牛已经爬到了水桶的边缘。因此，我决定找一个有盖子的东西。我把这两只蜗牛放进了一个有盖的塑料容器中。

我们去图书馆查找有关蜗牛的知识。我们把蜗牛带到南森哥哥所在的幼儿园班上。我们给它们喂莴笋叶子。在那年，蜗牛死掉了（有可能是死于饥饿）。

在密西西比自然科学博物馆的馆长鲍勃·琼斯博士的帮助下，莎拉和南森发现这是一种食肉狼蜗。这是一种食肉的蜗牛，它以庭院里的其他蜗牛为食。很明显，这种蜗牛要做的就是把自己的头伸到其他蜗牛的头里，在一口吸完了其他可怜的蜗牛后再撤回来。

进一步的研究促使我们去拜访特拉华州立大学的梅利莎·哈林顿博士。她是研究食肉狼蜗的科学家。事实上，为了开展自己的研究，她需要稳定的食肉狼蜗的供给。因此，她给南森的每只蜗牛付了20美元。

我们通过邮件认识了哈林顿博士后，南森对她有关蜗牛的研究很感兴趣。他也喜欢把蜗牛送给她，然后得到20美元的报酬。他给她写便条，给她画画。

去年夏天，当我们开车去缅因州和纽约州拜访朋友和家人时，我们还顺便拜访了住在多佛市的哈林顿博士，参观了她的实验室。南森上一年级时，他写信给哈林顿博士，告诉她如果有一天她厌倦了实验室的工作，他可以接管她的实验室。

在她为《亮点》写的一篇文章里，莎拉·坎贝尔（Campbell，2007）引用了哈林顿博士的话：

食肉狼蜗捕食蜗牛的方式与狮子捕食斑马的方式一样……只是狮子更大、更快、更敏捷、更珍贵。

事实上，南森四岁第一次发现食肉狼蜗时，他就跑进屋子里喊道："妈妈，妈妈，狮宝宝！"虽然那时他还不知道食肉狼蜗，但是他确定发现了生活在他后院的狼蜗栖息地。

> 事实上，南森四岁第一次发现食肉狼蜗时，他就跑进屋子里喊道："妈妈，妈妈，狮宝宝！"

南森还叫不出这两只蜗牛的名字时，它们就曾从他的拇指爬到他的胳膊肘上。后来，南森为这两只蜗牛分别取名为首吉尔和阿芬尼。如果不是莎拉·坎贝尔自己对这两只蜗牛很好奇，这个故事也不会进行下去了，哈林顿博士对这种令人惊讶的物种的研究也只会停留在蜗牛爬行上。

吉尔·莱文是田纳西州查特诺加市博物馆磁石学校的校长。她所在的学校从幼儿园到小学五年级都注重开展探究活动。每个单元的学习都与城市的某个博物馆有某种联系。同时，她也是孩子的妈妈：

作为一个校长，看见学生沉浸在内容中，我感到很满意。我们学生的学习活动水平通常不是他们这个年龄阶段的孩子能达到的。作为两个孩子的母亲，我能够得到一手资料，因为我正在上幼儿园的那个儿子，经常会在吃饭时问一些与他在幼儿园里学到的东西有关的问题。我的儿子养了一只宠物蝴蝶，学校的一个老师帮他联系一个水族馆的专家，儿子从他那里获得了意见，了解了如何在蝴蝶生命的不同阶段对它进行照顾。然后，他们建立了一个档案夹，记录下重要的信息。我的儿子对这个档案夹深感自豪，并引发许多讨论和疑问。这一次，虽然他的学习不是发生在课桌旁，但是他永远不会忘记自己从中获得的信息。

拉比一家

20 世纪初，一个年轻的父亲从加利西亚（这地方现在是波兰的南部）移民到了美国。他来到纽约市，很快就住进了下东区的公寓里。

随后，这位父亲和他的妻子拉比搬到了布鲁克林区。这个地方离我曾经教书的东纽约区不远。那时候，纽约市的这部分可能还是农场，养着奶牛和鸡，早上公鸡还会打鸣。（当我在早上 7：20 上课时，还可以听见鸡叫。）

拉比的儿子伊西多尔·艾萨克很快就将他们的客厅堆满了各种电子玩具。他用这些新玩具做了很多有趣的实验。最后，伊西多尔·艾萨克成为世界知名的科学家。"二战"期间，他与奥本海默在麻省理工学院一起研究原子弹和雷达。他凭着对电子不同性质的开拓性研究，获得了诺贝尔物理学奖。

在他要去世的时候，他的一名同事曾问他："你为什么没有像你周围那些移民过来的孩子一样去当医生、律师或商人，而是成了一个科学家？"他的父亲是布鲁克林区的一个零售商和杂货店老板。

伊西多尔·艾萨克回答道："我母亲也没有意识到其实是她让我成了一名科学家。布鲁克林区的其他犹太妈妈在孩子放学后都会问：'你在学校里学到了什么？'但是，我母亲不会这样问。她会问我另外一个问题：'伊西多尔，你今天有没有提出一个好的问题？'这种差异（也就是提出好的问题）让我成了一名科学家。"（Sheff，1988）[26]

> "我母亲也没有意识到其实是她让我成了一名科学家。布鲁克林区的其他犹太妈妈在孩子放学后都会问：'你在学校里学到了什么？'但是，我母亲不会这样问。她会问我另外一个问题：'伊西多尔，你今天有没有提出一个好的问题？'这种差异（也就是提出好的问题）让我成了一名科学家。"

这种差异会对任何阶段的人文及自然科学的教学或职业发展产生重大的影响。想象一下，如果我们所有的公民和政治家都是在辛德尔·拉比的亲切关怀下接受了教育，那么我们会对近年来国内外发生的各种事情提出哪些问题。如果这样，几乎不可能想象我们今天会怎样思考。

我与许多教育工作者分享了辛德尔·拉比的故事。我一直想知道这位未受过教育的年轻妈妈是如何理解生活、学习和成功的。

"你今天提出一个好问题了吗？"

你提问了吗？而不是"老师提问了吗？你给出了一个满意的答案了吗？"她会问："伊西多尔，你提出一个好问题了吗？你有没有记下一些很重要的、奇怪的、复杂的东西，然后提出一个问题？"

你提问了吗？你有没有提出好的问题来挑战未知的世界、权威、书本或者老师？你有没有打破常规，你有没有质疑我们认为理所当然的事物，你有没有探索过宇宙的奥秘？

你有没有提出一个好的问题？而不仅仅是"打扰一下，我能……我能使用一下卫生间吗……我能借一支笔吗？"不是这些问题。你有没有提出一个"好"的问题？什么问题是好的问题？我们如何来界定一个"好"的问题？我们的标准是什么？

辛德尔·拉比不曾拥有任何有关教学法、课程论、学校组织或脑科学的高级学位。她从加利西亚农场上学到的是，那些能够提出好问题的人不仅能生存下来，还能获得成功。

漫　谈

朱迪思·威尔斯·林德弗斯在一本极好的启蒙读本里讨论了儿童的探究以及探究如何让小孩去理解自己的世界。林德弗斯录下了一些父母和孩子在许多非正式情境中的讨论。在这些讨论中，他们要么是在寻找信息以理解某些奇怪的现象，要么是在一个开放且有趣的氛围里说出自己内心的困惑。

下面节选自吉尔和她的妈妈围绕他们正在床上阅读的一本书进行的讨论：

妈妈（读）："但是，红色的松鼠一直在推挤它（小兔子），直到它们两个在星光照耀下的高高的大树上舒适地安顿下来了。"

吉尔：小兔子实际上睡在什么地方？

妈妈：在它们的洞穴里。

吉尔：在地面下吗？

妈妈：嗯，嗯。"第二天……"

吉尔：它们有窝吗？

妈妈：它们在树上做了窝。

吉尔：松鼠也是，对吗？（Lindfors，1999）[1]

你可以发现四岁的吉尔正在尝试弄清故事中松鼠睡的地方与现实中松鼠睡的地方的差异。

我们在本书的前面已经说过，林德弗斯（Lindfors，1999）将获取信息的提问行为与"好奇"行为进行了对比。在好奇行为中，儿童不会提出正式的问题，而是会用下面的这些语言：

你知道，很奇怪的是……

我想问……

我正在试着弄清……

我不能理解的是……

我曾以为它是……

我好奇为什么……

好吧，也许……

你能够发现其中的不同之处。吉尔提出的是直接性问题，但是另外一个学生只是在进行开放性的猜测，只是在尝试着推理出什么，或者只是在分享某个疑惑或困惑。好奇行为更开放，是在反复地思考和玩味各种可能性。对林德弗斯（Lindfors，1999）而言，好奇反映了游戏的本质，即一种具有内在奖励的活动，是我们做这件事的理由。

通过思考我们正在观察的任何事物，或者通过阅读一本有关早期殖民者的书，我们都能产生好奇。

换句话说，并不是所有的探究都用谁、什么、哪里、什么时候、为什么等疑问词开头的疑问句来表达。当我们开车去公园的时候，当我们观察金鱼缸的时候，当我们阅读一本书的时候，或者当我们在思考太阳在地平线和天顶的大小的时候，我们都会进行探究。

回顾与反思

我们如何能开展漫谈？

我们如何才能在家里找到时间与孩子们一起观察复杂、有趣、迷人的事物？

父母走进学校

当我通过美国自然历史博物馆的各种展览来引导学生时，经常看见父母也陪同前往。有时候，一些父母还会就这些展览与我交谈。有一次，我站在霸王龙化石前描述着它的历史或换牙（这是一个让人惊讶的特征，我们怎么知道的呢）。

这时我不得不引进"进化"这个术语和某些有关宗教的观点，因为一个家长问我："你相信进化论的解释，还是宗教的解释?"

我说："我两者都信。"

父母经常会带着孩子看各种展览，包括恐龙展、大蓝鲸展和北美印第安人的长屋展，等等。

在科罗拉多的一个合作学校里，一名一年级教师告诉我，当他的学生参与探究活动时，总会有父母加入他们的课堂或实地考察。他们不仅仅是监护人，还是积极的参与者。这是与家长分享我们在课堂里的活动的好方式。或许每个学校都有家长教师联合会。他们能在何种程度上参与到学生的探究活动中呢?

家长调查

克里·古兹曼是新泽西州樱桃山的一名二年级老师。在最近的以"社区"为主题的单元教学中，她和她的学生做了一次家长调查以了解创建一个健康有效的社区的必要条件。我们在第4章已经了解到克里和她的同事设计了一个问题情境。在这个问题情境里，学生会了解社区的相关内容，以了解如何帮助新奥尔良重建家园。

在帮助学生学习如何采访父母后，克里的学生向他们的父母提出了如下问题:

- 你有哪些基本的生存需要? (我需要水、住处、衣服和食物)
- 你有哪些日常需要? (我每天都需要吃饭和喝水，我需要保健，我需要睡在舒适的地方)
- 有哪些不同的方式可以满足这些需要? (我吃健康的食物，我尽量多休息，我每天做保健操，我每年体检)
- 列举社区里能够满足你的需要的地方。(商店、梅西百货、餐馆、医院)

在其他的许多班级里，通过开展家庭调查，教师和学生将父母带入课堂。

"我们记下学生的问题，然后把它们放在一张纸上，让每个学生把问题带回家，这样学生们就能得到父母对这些问题的一些看法。"我们知道父母想参与孩子的教育。有很多种简单快捷的方式，可以增强家庭与学校的沟通。

在第1章，我们阅读了罗宾·凯西的五年级学生采访他们社区里那些生活在"二战"时期的人。也许你还能回想起一个老人去了她的班上，带了一面缴获来的纳粹旗帜。任何一个在场的学生和成人都不会忘记这段经历。

回顾与反思

还有什么方式能让父母了解我们教学中的优先事务？有没有其他的可能性？

简　报

我们可以用多种方式与父母交流辛德尔·拉比对孩子的鼓励——"你今天提出了一个好问题吗？"一张正式的简报是一种很常见的方式。

在布鲁克林市区中心的埃奇伍德小学，格雷琴·皮尔每个月都给父母送简报。简报里包括了各种信息，比如，即将发生的大事，学生们某天具体学到了什么，有特殊需要的家长的受教育机会、购物信息、季节更替的提示。下面就是皮尔在安·莫克的帮助下所做的二月份简报：

二月是对候鸟来说是很重要的一个月。你能看见一些鸟飞落在你的后院里吗？野鸟喂食器是跟踪鸟的迁徙路线的极佳方式。下一周，浣熊和臭鼬开始从冬眠中醒来了。你认为你会在什么时候看见第一只浣熊？春天近了！现在是修剪苹果树和橡树的最佳时机。

我们可以看看这张简报为亲子探究提供了哪些可能：

让我们去外面看看，是否能发现一些二月的迹象。让我们去寻找鸟、浣熊或其他动物。通过问自己"它们在做什么？在这个时候不同的鸟是如何觅食的？"，让我们成为一个好的观察者。

我观察到山雀、麻雀、红雀、冠蓝鸦等不同的鸟在使用喂食器时是多么的不同。我经常对此感到惊讶。我好奇这些行为差异该如何解释。比如说，红雀在临近的树枝上飞来飞去，过了好一会儿才落在离地五尺高的喂食器上。

同时，"我好奇为什么初春是修剪这些树的最佳时机？"如果我们不修剪它们，会怎么样呢？如果我们在冬天或夏天修剪它们，又会怎么样呢？

听说我外公当众对一个学校的一份极好的简报中的许多事实提出了质疑。这些问题在另一个学校的简报里被归纳成："大写的 IDEA 是什么意思？（What is the Big IDEA?）"IDEA 是质询（Inquire）、发现（Discover）、探索（Explore）和实现（Achieve）的首字母缩写。

在一份简报里，我们可以分享来自各班学生的问题。比如说，在劳拉·卡斯金斯的幼儿园班上，他们正在学习光线的作用。劳拉决定让学生体验到没有光线会产生的问题，她认为这是让学生进一步意识到光的重要性的极佳方式，进而引发学生们去思考光线对我们的生活和工作的重要性。劳拉在黑板上一张大灯泡图片周围写下了学生们的问题。这次体验促使洛根这个平时很安静的男孩也问道："如果太阳是由气体组成，而光线又来自太阳，那么，光线也是气体吗?"

> "如果太阳是由气体组成，而光线又来自太阳，那么，光线也是气体吗?"
> ——明尼苏达布鲁克林中心劳拉·卡斯金斯幼儿园的小朋友

这个问题让我停下来思考了一小会儿。我们知道太阳光是氢气在太阳中心合成氦气时产生的，这个合成过程的结果就是氦原子，同时氦原子还会以可见光子的形式释放能量。这个过程已经由爱因斯坦的 $E=mc^2$ 这个公式来解释了。

劳拉写信告诉我她的学生如何寻找答案。她从一名高中物理老师那里得到了一些好的想法。我好奇她的学生家长可能会如何解决这个问题。或许我们应该将学生提出的一些具有挑战性的问题放进简报里，让父母知道孩子是多么的具有洞察力，同时也邀请他们参与到寻求答案的过程中。

几年前，我的同事阿特·科斯塔经常讲述一些学校的故事。这些学校通过各种渠道让父母知道鼓励学生去思考的重要性。

他列举出父母非常认可的交流方式：

- 简报
- 文具盒、笔、T恤和日历上的标识
- 给家长的便签
- 家长教师联合会的使命、会议和优先事务

换句话说，如果我们真的要鼓励学生去探究，鼓励学生开展有目的的调查，鼓励学生批判性地思考，鼓励学生去反思，那么我们就应该用所有方式与学生的家庭沟通。

家长是资源

罗宾·凯西在五年级班上的单元教学是一个极好的例子。它展示了父母和祖父母可以如何参与孩子的教育。正如我们在第5章中所看见的那样，长期的探究策略需要学生辨别出他们知道了什么，他们想知道什么以及他们将如何去寻找答案（KWHLAQ）。如果我们准备开始使用长期的探究策略，我们就给学生

提供了一次极好的机会，让他们把父母当作潜在的资源。

与南卡罗来纳州的四年级学生合作时，我们注意到一个男孩的爸爸在建筑工地上工作。这是最合适的资源了，因为全班正在学习几何如何运用于建筑。他可以解释在建造大的建筑物时，为什么要确保建筑物的某些地方必须是直角，为什么所有表面都得是水平的或垂直的。在回答这些问题时，他可能比建筑设计师本人更合适。

与四五年级的学生学习宗教单元时，莉斯·德布雷请教了许多教授以及各个阶层的人们，让他们与学生分享自己专业领域内的知识、故事和问题。

你和你的学生在家里是怎样利用资源，以专业的视角去探讨那些学生一直追问的问题的？

教育我们的父母

西尔维亚·马西斯已经在盐湖城做了多年的教师。她主要从事未来的问题解决者等学习项目。在教育界积极推动提高学生在课堂里的批判性思维水平期间，西尔维亚和我一起在督导与课程开发协会（Association for Supervision and Curriculum Development）工作了多年。

让我惊讶的是，不论什么时候接受有关激发学生思考的培训，西尔维亚和她的同事都会与学生父母分享这一经验。他们希望父母与老师们了解保持同步。他们希望父母能够让孩子在家里也能体验到在课堂里的那种挑战难度。

小　结

所有这些故事都表明，在成长过程中，父母是我们第一个也是最重要的榜样，他们向我们示范如何在世界里生活。我从外公那里学会了对自然界充满好奇，从母亲那里学会了批判，从父亲那里学会永不放弃的精神。南森·坎贝尔了解到有关狼蜗的所有知识，因为她的妈妈和祖母对世界很好奇，并与自己的孩子分享她们对知识的热情。伊西多尔之所以能够成为一个世界知名的物理学奖和诺贝尔物理学奖得主，是因为他每天从学校回到家时，妈妈都会问："伊西多尔，你今天提出了一个好问题吗？"

教育工作者面临的一个挑战，就是如何充分利用学生父母的好奇心，通过各种直接的和间接的方式将它们带到课堂里。在各种探究活动中，父母的支持对我们会有很大的帮助。

实践机会

1. 父母向我们示范了什么？
2. 我们有哪些不同的方式来鼓励学生家长加入我们的探究活动？
3. 学生家长如何帮助学生找到问题的答案？
4. 在未来的探究单元中，我们如何设计保证父母的参与？

如何激发有特殊需要的学生去探究？

"我们不是那样学习的"

我从学生那里学到的最有趣的教训之一，是我们所有的人并非完全按照同一种方式去学习。我曾经看过两个小男孩在家做的一段视频，描述了龙卷风的性质和可怕影响。看了这段视频后，我明白了这个道理。

这两个学生来自新泽西州杜蒙特高中。五月，他们的老师鼓励他们从教科书上选择一章去阅读和学习，然后将他们认为重要和有趣的东西与同学分享。正如这两个男孩前面跟我说的那样，他们之所以制作这个视频，是因为"我们是用这种方式学习的"。我问他们是哪种方式。其中一个男孩告诉我："每个人都坐在座位上听讲，去写作文。而我们喜欢动手。"看视频时，我知道这两个高中学生被认为是特殊需要的学生。我忘了他们有什么样的特殊需要，但是我没有忘记他们向我传达的一个信息，即并非所有学生都能静静地坐着听其他人发言，并以这种方式来掌握任何一个学科的内容。

下面是这个小片段的一些要点：

A. 他们接受了科学老师赫伯提供给他们的高水平智力任务。

B. 他们被鼓励去尽可能掌控自己的学习，包括学习内容、目标和交流方式。

C. 在老师和教学辅助人员的帮助下，他们找到了自己学习天气这种复杂现象的方式，并在一个精心设计的结构中去学习。当然，这个结构也是依靠他人的帮助设计出来的。

D. 尽管他们没有比同伴花更多的时间，但是一些学生可能需要额外的时间。

E. 他们用自己独特的方式让龙卷风这个话题变得有意义。

我经常回想起这项终期作业，因为它阐释了一些对所有学生都很有意义的

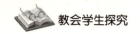

观点：

- 提供多样的资源、学习方式和评价策略。
- 与学生分享各种学习方式的决策权。
- 为提供灵活的学习创造架构。
- 有效地规划和使用时间。
- 有经验的教师和父母的大力支持。

"我能，因此他们也能"

米歇尔·托姆克是明尼阿波里斯市伊丽莎白·霍尔国际学校小学的一名特殊教育工作者。有一次，我对她所在的学校进行了为期三天的参观。我与她的学生一起坐在教室里，了解他们都学习了有关身体的哪些知识。那天，教室里一共有6个学生。大部分学生是上二年级。

在这次参观中，我清晰地记得有一个学生。当他说话时，会在地板上滚来滚去。这让我想起一位年轻的科学家，诺贝尔奖得主理查德·弗里曼还是青年学生时的情景。那时，弗里曼发现有时候有必要表演出自己的思考过程：

有一次，在康奈尔大学的宿舍里，一个邻居打开了弗里曼的寝室门。他发现弗里曼在解决一道问题时，会不停地在床边的地板上滚来滚去。不打滚时，他至少会有节奏地咕哝着，或者用指尖敲打着。

对那些服务于"挑战者号"的科学家来说，对那些指出"挑战者号"航天飞机失事缘由的科学家来说，科学的思维过程就是"将自己融入自然的过程，融入一束想象的光或一个相对论电子里"（Gleick，1992）[244]。

因此，九月份的一个早晨，我在米歇尔的教室里看见的那个打滚的男孩可能是一个年轻的科学家正在思考他头脑中的一些观点。手指尖敲打和跺脚等一系列让人烦躁的重复性动作，也可能是学生在解决问题过程中产生的。他们可能是年轻的弗里曼。

理查德·弗里曼"在完全集中注意力时经常伴随着强烈的身体感觉，就好像他的大脑不停留在灰质里，而是扩散到身体的每块肌肉上"（Gleick，1992）[244]。对弗里曼和许多特需学生来说，思考可能是一个非常视觉化的过程。我们知道，爱因斯坦就是通过视觉来思考的（Ghiselin，1955）。

米歇尔经常反思自己的教学。在一封邮件里，她与我分享了她的一段日志：

在过去五年，我试着离开特殊教育。我也在准备其他的资格证考试，思考此生还能做哪些其他工作。今年夏天我决定今年我要将重心放在成为一个好的特殊教育工作者。（我认为"我"是学生能做什么的制约性因素。我不断地说："他们不能……"但是，我可能真正说的是："我不能……"）现在，我认为他们能。我只是需要指出如何才能让它发生。我知道这不容易，但是我喜欢挑战。

> 我认为"我"是学生能做什么的制约性因素。我不断地说："他们不能……"但是，我可能真正说的是："我不能……"

所有教师都可以从米歇尔这段日志中学到很多。有时候，我们只是说："哎呀，他们不能做到，因为……（我们会列出一大堆限制条件，比如，家庭环境、先前的教育经历、身心因素等。）"

但是，我们自己有时候就是限制性因素。我们自己制造了威廉·布莱克所说的"心铸的银铐铁镣"，从而限制我们去思考自己和他人的能力。如果我们想让任何一个学生成功，我们就需要米歇尔的信念——他们能学习，我们需要找到让学习发生的其他方式。

我在前面章节提到，通过让学生参与学习目标的制定、学习方式的选择、学习过程的监控和学习成果的自我评价，我们可以帮助学生，让他们能更多地掌控自己的学习。

我注意到哈佛大学著名行为主义心理学家斯金纳的一个杰出弟子道格·格里尔的研究。他是哥伦比亚大学教师学院的心理学教授。格里尔很多年来一直致力于特需学生的研究，尤其是自闭症学生的研究。他说："我们的研究表明，行为矫正能让这些自闭症儿童的学习效率提高4—7倍……如果我们能这样做，我们确信能做到，就好像在正常孩子那里做的实验一样。"

通过使用特殊的语言和图片线索，格里尔一直在帮助来自贫困家庭的学生和自闭症学生。奖励正确的行为，一直是他的信条。格里尔和参与实验的教师们使用代币、饼干以及其他物品来对一个行为表示认可。格里尔还坚信要帮助学生学会掌控自己的学习：

我们给孩子展示如何控制自己的行为，如何给自己设定目标，以及在达到后如何进行自我强化。让他们设置目标是为了使他们成为一个独立、高效的学习者，是为了使他们能控制自己的学习，最终使他们成为一个不需要教师指导的学习者。（Levine，2007）[25-43]

埃德温·埃利斯（Ellis，1993）注意到，这种规划策略对有学习障碍的学生来说十分重要。比如说，当阅读文学作品时，"要设置目标（弄清你为什么要

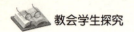

分析这一章。同时，设置与这一原因相关的目标）……以问题开始（这些问题是为了找出我们需要的信息）……"

另外一种策略是 FLASH：

聚焦话题（Focus on the topic）

寻找相似信息（Look for familiar information）

激活已有知识，提出问题（Activate prior knowledge and ask question）

寻找联系（See what's connected）

提出假设（Hypothesize）

这些策略是为有学习障碍的青少年和成年人设计的。如果对它们稍加修改，能将它们用于小学生吗？我认为可以。比如说，如果我们希望特需学生对物体进行仔细观察，然后将这些观察与已有知识联系起来，最后提出好的问题，就可以使用下面的 OTQ 策略：

观察（Observe）

思考并建立联系（Think and relate）

提问（Question）

米歇尔·托姆克班上的特需学生属于不同年龄阶段。她使用了 OTQ 策略的另外一个版本 OWL：

观察（Observation）

你对什么很好奇（What do you wonder?）

将它与你的生活联系起来（Link it to your life）

米歇尔写道："我使用海报大小的图片来呈现一颗青草叶上的露珠。图片很简单，却引发了热烈的讨论。我没有给他们任何信息，只是问他们看见了什么。"

他们的观察如下：

- 雨水的水珠是透明的。
- 有可能是夏天，雨水落在了这颗草上。
- 水珠看着像大理石。
- 它有可能是一张中间有裂口的纸。

他们的好奇心如下：

- 我好奇一只大黄蜂会不会将毒液注入青草叶子上（青草叶的叶尖是红色的，有些学生认为它是一朵花）。
- 我好奇它是不是水珠或气泡。

- 我好奇它是不是湿的。
- 我好奇它会不会感到痛。
- 我好奇这是不是草木生长的季节。
- 我好奇这些水会不会干。
- 我好奇水是不是经常会干枯。
- 我好奇如果我在气泡里，那会是什么样儿。
- 我好奇如果我把明尼苏达州放进这个气泡里，那会是什么样儿。

回顾与反思

米歇尔运用 OWL 策略对你有什么启发？

米歇尔是这样总结自己的观察的：

用一幅图片肯定是有帮助的。我们这周将会继续图片练习。我喜欢 OWL 策略，因为它很简单，又能吸引学生，还具有弹性。因此，我可以在各个学科里运用它。幼儿园孩子也能像二年级学生一样轻松地提出问题。

使用问题情境

凯莉·费伯在阿尔伯塔省埃德蒙顿市教四年级。她的学生都是有特殊需要的孩子。通过与她当面交谈和邮件沟通，我开始意识到这种模式是多么有效。

凯莉坚决抛开学生要完成和上交的作业清单。学生家长并不总是对凯莉的教学方法感到满意，因为他们与大多数人一样，都只用一种方式来学习。凯莉给学生呈现的任务要更有挑战性。下文就是她描述的一个真实的问题情境：

我给了学生一个问题情境。我告诉他们，他们正在为一个大的比萨公司工作。他们需要设计装比萨的盒子。这些盒子要适合公司出售的不同尺寸的比萨饼。他们需要做盒子的底和侧面，不需要做盖子。我向他们展示自己提前做好的不同尺寸和形状的比萨。

凯莉将自己的大部分学生描述为视觉型学生，因为他们需要看见他们需要做什么。因此，她向学生示范做不同尺寸比萨饼盒子的过程。让凯莉自己来描述她的课堂吧：

我实实在在地向他们展示，每个学生需要选择一个比萨饼，为它设计一个合适的盒子。我一直不断地问为什么，直到他们给出许多看似可信的理由。（我不得不花时间这样做，因为如果他们看不见也不讨论盒子大小和比萨大小之间的关系，其中一些学生就不会按照要求去完成。）然后，我向他们展示可以用来做盒子的网格纸。为了将这项任务与先前知识建立起联系，我让他们回想前面做过的一个数学活动。

然后，我用图片向他们呈现一些必需的步骤。因为许多学生都有认知上的困难，我要求他们告诉我，为了成功地解决这个问题，他们需要采取哪些步骤。不同的学生都在发表观点，我也不断地改述和提问，直到我们将一系列的步骤呈现在黑板上。同时，我也在文本旁边画了图。我提醒他们一旦开始制作，我就不再是老师了，而是一个领班。我会来来回回地监督他们的进展。他们要小组一起解决他们自己提出的问题。

回顾与反思

在这里，你看见了我们前面所提到的那个框架的哪些要点？在这个例子里，凯莉是否提供了高难度的任务、架构、时间和完成任务的多种方式？

凯莉提到的其中一个要点，就是她在多大程度为学生提供了一个学习架构。我之前一直没有注意到这点，直到我读到她随后发来的这封邮件。像许多学生一样（不仅仅是特需学生），有些人在一个稳定的时间架构和步骤中完成得更好。遇到凯莉之前，我假设教师应该创建这种稳定的架构和脚手架。但是，请仔细观察她如何从学生已有知识里引出这个架构，又是如何从这一过程中引出学生的观点的。因此，学生对自己的学习有了更多的掌控。但是，是否所有学生不需要努力就都能够轻易地完成这项任务呢？

并非如此。凯莉继续写道：

在此期间，学生们忙个不停，相互交流、相互帮助。然后，他们到了制作盒子侧面这一环节。于是，盒子从一个平面图转变成了立体图。在这里，大部分学生都卡住了。过了一会儿，我让他们停下来，告诉他们我看见很多人遇到了困难。因为我想让他们成功，所以我略微地调整了任务。我说他们现在是实习生。我向他们解释道，一个有经验的员工会给他们做培训。然后，一旦向他们展示了如何做，他们就要自己去完成这项工作。我告诉他们我会在黑板上演示所有的步骤，但是不进行口头解释。他们要仔细观看。然后，我开始在黑板上演示，他们专注地看着。此刻，如果教室里有一颗大头针掉到地板上，你也能听见。演示完毕后，我说："好了，请继续。"他们就开始小组讨论了。这时就有学生在说："现在我终于明白了/原来是这样子的/我认为我们可以这样做/

这样做不对，让我给你示范。"

　　凯莉不仅在向她的学生示范，也在向她的实习生示范。这个实习生不明白一步步的展示如此重要。当凯莉演示完这个过程后，这个实习生就兴奋地说："现在我明白了。我明白你说需要亲眼目睹这一过程是什么意思了。"凯莉将这称为"顿悟"。

　　在凯莉的故事里，另一个更具体的要点是，她非常注意监控学生对任务的理解。正如她所说，她看见有许多学生遇到了"困难"。然后，她就介入，帮助他们列出制造比萨盒子所需的具体步骤。

　　要确定学生理解你正在教的材料，这很重要。最好的方式就是在他们开始练习一项新的技能前，检查他们对任务的理解……许多教师都是在学生真正去做这项任务前，让学生了解解决这个问题需要哪些步骤。(Algozzine & Ysseldyke, 2006)[19]

　　正如我们所看见的那样，凯莉仔细地监督着学生推动这项任务的进展，也知道学生什么时候会卡住。在《学习障碍学生的教学》一书中，阿格兹恩和叶斯迪克（Algozzine & Ysseldyke, 2006）列出了多种方式来帮助有学习障碍的学生克服困难：

1. 提供有选择性的任务来帮助学生弥补学业上的缺陷。
2. 帮助学生，让他们将注意力放在与任务相关的方面。
3. 在教授新内容时用具体的例子和图解。
4. 让学生有机会按照自己的步调学习。
5. 调整任务以帮助学生弥补学业上的缺陷。
6. 给他们提供比同辈群体更多的练习机会。

阿格兹恩和叶斯迪克还提到了一些其他方式，比如，"提供自我监控的机会"。

　　当我列出上面这几点时，我在思考："哪一点不是让所有学生都能受益的呢?"凯莉所做的给我们提供了一个很好的例子，它证明了我们可以如何鼓励特需学生，从而让他们有效地思考。

　　另外一个值得考虑的地方就是反思我们所说的"有选择的任务"。凯莉相信她的学生有能力参与到真实的任务中，比如制作比萨盒。她知道如果具备合理的架构、时间和支持，她的学生就能够全面思考困难情境，不需要"沦落"到去完成一个学生所说的"工作单"。

　　我不确定是否有一些特殊教育的教师将自己的工作定位于弥补学生"学业上的缺陷"。在我看来，像米歇尔和凯莉这些教师都相信他们的学生能够做任何事情——他们能够创造性地解决真实的问题。

　　比如，在一节科学课上，凯莉的实习生希瑟正在展示如何制作色环以阐明

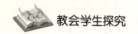

"白光之中包含所有的颜色"这条原理。以下是她对进展不顺的那部分的回顾：

在她能继续下一步之前，一个学生跑出了他的座位，来到了她的模型前，对她说："我认为我们可以想出另一种更好的方式。"随后，这个学生和一些同学花了十多分钟来讨论和展示不同模型的利弊，其他学生专注地看着。希瑟继续转述这些学生尝试去解释的内容，以便这个问题解决的过程能够继续。最后，他们的色环与希瑟设计的很不一样，有一些学生很投入。有趣的是进行解说的这个男孩是我们班上行为问题最严重的学生，他不能坐很长时间去聆听。

在这种情况下，凯莉提醒她的实习生"之所以会发生这样的事情，是因为学生们经常有机会采取对他们自己有意义的方式来开展学习"。

形成自己的学习经验需要教师愿意与学生分享一些决策权。这就意味着我们要有一种鼓励学生能拥有好奇心和创造力的思维模式。

他们能提出一个好问题吗？

我们将要回到凯莉最近与我分享的一些出色的工作上来。为了回答这个问题，我要与你分享另外一段经历。我走进一间由五个特需学生组成的教室，去示范探究的过程，鼓励学生用数学的方式去思考。我们围坐在一张半圆桌旁。我可以将具体物品放在桌上，还可以伸手触及每个学生。我辨认出那些有情绪困扰和学习障碍的学生，也就是我们常说的注意力集中障碍（ADHD）学生，还意识到有一个自闭症儿童。

我预先不知道这些标签和分类，只知道这是一个特殊教育班级。我摆了一长串的海贝，这些海贝是我在长岛收集的。在那里，我和南希有自己的一套房子。

你知道会发生什么。学生们抓着这些海贝，我唯一的提示就是"这些海贝很容易损坏，所以请你们小心点。"很快，学生们都分别拿到了一个或多个的海贝，相互传看。一些学生开始激烈地讨论他们所观察到的，"它们的内部很光滑……他们来自海底……有某种东西住在它里面……外面有螺纹……它内外的颜色不同……"我多次问一些学生："你怎么知道它们来自海底……你怎么知道有某种生物住在它里面……"

观察之后，学生们很快提出一些问题：

- 为什么海贝内部的颜色与外部的不一样？
- 螺纹是由什么造成的？
- 谁创造出了这些海贝？

接着，一个学生说出了自己的假设，"我认为某些东西创造了这些海贝，然后它们自己就生活在这里面了。"

我回答道："你的想法很有意思。我从来没有这样想过。是什么促使你这样想？"我记不清坐在我对面的这个男孩说了什么。但是，他对自己的这个想法充满了激情，这促使我们进一步去询问："我们如何能够找出答案？"学生们列出了一系列的资源，包括 www.google.com 和 www.ask.com。

现在我知道了这些贝壳是扇贝贝壳。扇贝是生活在海底和海湾的海洋生物。你可以在家里或餐馆吃到。美国自然历史博物馆米尔斯坦海洋生物馆的一面墙上，有全部无脊椎动物的样本。在它的另一面墙上，有脊椎动物的样本。

除了这些样本，展览厅里还播放一个很好的视频，展现扇贝借助自己吸入和排出的水的推动在多沙的海底到处翻滚。这段视频很好地展示了牛顿第三定律，即每一个力都会产生一个同等大小的反作用力。

我并不认为这个年轻的提问者知道自我推动这个观点，但是他似乎发现了什么。是扇贝创造了扇贝贝壳，然后自己住进去了吗？这个过程又是如何具体进行的呢？我用这些海贝很多年了，却从来没有想过这个问题。从这个案例中我们可以知道，有时候学生会促使我们去思考我们认为理所当然的东西，就像凯文的问题："为什么校车都是黄颜色的？"

一个整合特需学生的教学单元

在第4章，我提到了新泽西州樱桃山约瑟夫·夏普小学的克里·古兹曼和她的同事。他们的学生对社区性质和社区对商品及服务的需要非常感兴趣。下面就是为克里的二年级学生创设的问题情境：

卡特里娜飓风摧毁了新奥尔良市。你所在的小镇被选为模范社区，来帮助新奥尔良市的重建。想想你自己所在的小镇和其他小镇如何满足社区居民的需要。想出一个重建新奥尔良市的计划，并提交给镇议会来审批。

克里及其同事用一些有关社区的图片和显示卡特里娜飓风破坏性的图片导入单元的学习。她的学生提出了很多问题：

- 你如何修建一个社区？如何开始？
- 我们如何知道社区是什么样子的？
- 有没有人会在南极修建一个社区？
- 所有学校都有特需学生吗？

- 社区消防车如何随着时间变化而变化？
- 所有人都有相同的需要吗？
- 我们如何进一步改善社区？
- 当卡特里娜飓风来袭时，新奥尔良的人们都在干什么？
- 有多少个社区去帮助清理灾后的新奥尔良市？

在这个单元里，克里和她的同事使用了大量的资源。这些资源包括介绍历史上著名的社区（比如殖民时期的波士顿）和地方性社区（比如樱桃山）的书籍、小说（比如《傻狗温迪》《家庭农场》《儿童时代》）、地图册和地球仪。同时，他们也使用了大量的学习策略，比如记探究日志、家庭调查、可视化的形成性评价（画各种商品和服务的图片，说明它们的必要性）、画韦恩图来比较不同的社区。学生使用这些方法回答了自己的许多问题。

他们的终期作业就是画一些大海报以及制作一些手册，以此来展示他们对新奥尔良所需要的社区服务的理解。

通过电话或邮件，凯莉向我解释，对于班上的特需学生，她和同事用了很多种方式：

- 使用多种理解策略的结对阅读
- 用于展示对社区、商品和服务的理解的绘画
- 对自己的表现的书面自我评价（反思自己是不是一个好的思考者和反思者——"我了解到自己的哪些优势和不足？"）
- 用于比较和对比的韦恩图
- 来自父母的支持和信息
- 结对完成的终期作业

你可以看出克里、丹尼斯和克莉丝汀使用了各种人际的、视觉的和书面的策略来帮助特需学生。其中一个特需学生对商品、服务以及社区需要的理解仅仅局限于画出一所学校和一所房子。

克里告诉我，我们之前和她讨论的那个框架的要点之一，就是确定一个话题的重要概念或观点，这非常重要。我认为不完全等同于任务分析，不完全是将复杂问题切分成更小的部分。克里强调的是抓住问题的核心，即一个社区的核心要素有哪些。我过去经常问老师："如果你有一周的授课时间，对于你要教的这个科目，哪些方面是最重要的？"

在最后的总结中，克里所有的学生都惊奇地发现（或许还有点伤感），在重建新奥尔良的过程中，我们并没有取得更大的进展。我在这里呈现的就是克里二年级学生对社区性质的理解程度。很明显，他们在有意义地尝试着理解和解

决一个真实的问题。

一个专为特需学生设计的教学单元

凯莉·费伯在她四年级的特殊教育班里教社会课。她的学生都是有交流障碍的孩子。这些学生在阅读或数学方面比同龄学生要低1—2个年级。在这个单元里，她使用了大量的学习经验。这些学习经验都是在完成问题情境任务的过程中积累起来的。

下面就是凯莉的社会课单元大纲：

主题

历史上的文明

支撑观点

加拿大阿尔伯塔省的土著文明

文化比较

历史探究

问题情境

如果你可以回到过去并且有机会去选择，你愿意成为一个生活在小村庄的土著居民呢，还是一个居住在堡垒里的欧洲人？给出几个可信的理由。

目标

通过这个单元的学习，学生能够：

1. 辨别出阿尔伯塔土著文明的重要特点。

2. 辨别出欧洲移民的重要特点。

3. 对比和比较19世纪时阿尔伯塔的土著文明和欧洲文明，然后得出结论。

4. 制作土著居民和欧洲移民使用的不同的定居模型，并对模型的主要部分进行解释。

5. 选择出他们愿意居住在哪种文明社会，同时给出理由。

6. 反思提问过程和寻找答案的过程。

策略：

我经常思考把一个长期计划分成初始经验、核心经验和累积经验。

初始经验：

1. 用KWL策略（KWHLAQ策略的一部分）标出学生认为他们知道了有关

土著居民的哪些知识。

2. 从凯莉收集的大量有关土著居民的图片中引出学生的问题。

核心经验：

1. 围绕教材所展示的一些遗址，我们开展虚拟游览。好在一些学生已经去过这些地方，因此可以利用他们已有的知识。

2. 我们去埃德蒙顿古堡公园进行实地考察，一个访客向我们提供了有关土著居民生活的信息。我有一些光盘和网址，里面的内容都很有用。

3. 首先激发学生对未受欧洲影响的土著居民的兴趣，然后激发他们对建造堡垒的欧洲商人的兴趣。我告诉他们要依据我们所学的东西制作一个大模型。这提高了他们对细节的关注水平。各学科的内容都被包括进来了。

4. 我们在体育课上学会了圆舞。我们运用在数学课上学到的有关形状和空间的知识，建造圆锥形帐篷和堡垒。

5. 我们一起协作绘制地图，因为模型是在一张很大的、划分出很多格子的地毯上制作的。

6. 许多艺术活动项目也加入进来，从设计圆锥形帐篷到呈现地球的三个层次（天空、动物生命、地貌构造），再到在帆布上创造出计时法以描绘土著居民生活中发生的重大事件。

7. 学生们阅读了不同的文本。我大声地朗读小说。他们在日志中对我阅读的小说做出反馈。

8. 我提出不同层次的问题让他们来回答。许多学生提出了以"我好奇……"、"为什么……"开头的问题。

9. 学生们写日志来分享他们的理解，比如"一个土著居民的一天"。（这些都是在村庄模型建造完毕后开始的，因此他们有很多东西可以观察）

当他们阅读有关阿尔伯塔土著居民和欧洲移民的书籍时，许多学生提出了问题：

● 为什么圆锥形帐篷的顶部是黑色的？（在教科书的图片中，大部分帐篷四周都是白色的，顶部明显是黑色的。）

● 为什么欧洲人想夺走土著居民的土地？他们没有足够的土地吗？为什么他们不能更好地分享土地？

● 如果神灵石对土著居民如此重要，欧洲人为什么要夺走它？

终期汇报

1. 制作土著居民的聚居地和欧洲人的堡垒的模型

2. 写一封信来表达自己的选择和理由

在反思这个单元的教学时，凯莉与我分享了她的想法：

我轻而易举地就让他们开始写作，因为他们从主动研究中获得了许多背景知识。他们不需要我的鼓励就能自觉研究土著居民或欧洲移民，因为他们知道自己了解得越多，就越能够把更多东西囊括到模型中去。

他们知道如何制作旧式雪橇、座位靠背、晒衣架等东西，这让人兴奋。如果一个孩子知道如何制作某个东西，其他孩子就会过来观摩，然后自己试着设计。有趣的是，一些孩子意识到自己擅长制作某个东西，就制作出许多这种模型与其他孩子进行交换。孩子们制作出一些小模型，并将它们放进大模型里。他们知道这些东西必须尺寸合适，同时还是那个时代要有的。

我尽力去做一个组织者，鼓励他们相互帮助而不是从老师这里得到帮助。当他们向我提出问题时，我会向他们提出另一个问题，将他们引导至正确的方向，由他们自己开始寻找答案。

最后的模型比我想象的要大，细节也更多，花的时间也更长。但是，因为我不断地将其他科目的目标纳入到这个单元里，所以涵盖了大量的课程内容。父母们也顺便来参观我们的进展情况，因为孩子们会谈论他们在学校里做的事情。

其他班级的老师和学生偶尔也会过来看看我们的进展情况。我们学校有一个土著居民联络员。我们的村庄模型给他留下了深刻的印象。他还证实了孩子们分享的许多事实。

凯莉还注意到其他老师也过来参观她的课堂，了解学生制作这两个模型的进展情况。

下面是一些学生写的信：

亲爱的杜比小姐：

我学习了过去的阿尔伯塔土著居民的生活。如果让我在成为一个生活在小村庄里的土著居民还是成为一个生活在堡垒里的欧洲人之间做出选择，我会选择成为一个土著居民。首先，我能够自由地决定什么时候去打猎。我会用弓箭去打猎。其次，我不用闷在屋子里，我可以出去。最后，在迁徙途中，我可以一直旅游。我想要去 Writing on Stone 。

这就是为什么如果生活在过去我想成为土著居民。

你诚挚的，

M……

_____

 指加拿大阿尔伯塔省的一个公园。——译者注凯莉解释道："这个男孩有学习困难，但他也是最有洞察力的学生之一。因为他的父母花了很多时间带他到各地去游历。他去过许多我们正在学习的遗址。他的一些家庭成员是混血儿，因此他有机会了解他的土著祖先。当得到多种体验性的机会时，他学得最好。"

亲爱的杜比小姐：

我学习了过去的阿尔伯塔土著居民的生活。如果让我在成为一个生活在小村庄里的土著居民还是成为一个生活在堡垒里的欧洲人之间做出选择，我会选择成为一个土著小女孩。

首先，当你在3-4岁时，你可以得到一把小刀。因此，你可以帮助你的哥哥。其次，说不同语言的土著居民会经常见面。这在大平原上尤其如此，因为马使得在大平原上旅行变得更容易。最后，在真正需要的时候，人们会给予帮助，因为社区之间会相互帮助，相互分享。

这就是为什么如果生活在过去我想成为土著女孩。

你的朋友，

M……

这个女孩在课堂里很安静。但是，当学习主题对她有意义时，她就能成为一个很好的反思者。

下面这封信是班上一个学习成绩很好的学生写的，但这个学生的口才却不怎么好。

亲爱的杜比小姐：

我学习了过去的阿尔伯塔土著居民的生活。如果让我在成为一个生活在小村庄里的土著居民还是成为一个生活在堡垒里的欧洲人之间做出选择，我会选择成为一个土著小男孩。首先，我喜欢在迁徙的途中旅行。我想要去 Writing on Stone。其次，我能够获得自由。在堡垒中的人们无法获得自由。我可以在野外玩耍。再次，当我3-4岁时，我可以得到一把小刀。生活在堡垒中的人们，5岁时才能得到小刀。最后，我可以去野牛碎头崖捕杀野牛。我们可以得到许多野牛。这就是为什么如果生活在过去我想成为土著男孩。

诚挚的，

T……

你可以发现，这些信都表明学生们了解了阿尔伯塔的美洲土著居民和欧洲人的不同文明。我问凯莉用哪些标准来评价学生从这些经验中所学到的内容。她提到了下面这些：

1. 合作能力
2. 课堂参与
3. 提出的问题类别和提供答案的能力
4. 用可靠的信息支持结论的能力
5. 建立联系的能力

此外，她还说她希望学生能够"用口头、书面和视觉三种形式展示他们的学习成果"。要注意凯莉如何运用有效评价的基本原则——鼓励学生用多种表达方式展示自己的理解。一些学生可能善于写作，其他一些学生可能喜欢用艺术的方式来表达。

你会发现以上五点当中最后三点涉及批判性思维，即得出合理的结论。提问无疑是将我们引向这种判断的一个组成部分。我希望在所有课堂里，提问能够成为我们评价的一部分。

在这里，尤其有趣的是，我们尝试着鼓励学生陈述观点，并为这些观点提供理由，然后寻找这些观点与其他内容的联系。正如我们在第 2 章里所提到的那样，当学生在寻找观点之间的联系时，其实就是在展示他们对内容的理解程度。建立联系是我们使观点变得有意义的方式。这些联系越广泛，学习内容就越有意义（Johnson，1975）。

小　结

从凯莉和克里的单元教学中，我们可以看出特需学生完全能够对学习不同的文明和其他普通课程单元感兴趣。

我希望本章陈述的例子能够突出以下要点。这些要点都是特殊教育课堂的组成部分：

- 将重心置于问题情境当中。
- 有充足的时间来探索新颖、陌生和复杂的情境。
- 使用多种资源，包括印刷资源、多媒体资源等。
- 学生能够参与决策。
- 提供支持性架构以帮助学生顺利完成探究过程。

- 将重点放在课程中的核心概念上。
- 学生有多种方式来表达自己的理解。

我们知道米歇尔、凯莉和莉斯的学生都存在明显的学习困难。我经常向他们那样的教育工作者表达自己最深的敬佩之情。他们花了很多时间和精力来帮助那些学习有困难的学生。

我从事教育工作很多年，经常与许多同行分享这些教师的工作，经常对学科内容进行任务分析，也经常让学生使用多种形式学习和汇报，还经常与学生分享决策过程。

总之，下面这句评论很恰当：

其他任何学生能做的我的学生也能够做，只是需要更长一点时间而已。

我们所有教师都可以从学生那里学到很多，尤其是从特需学生那里。

实践机会

1. 你的学生能从哪些学习模式中获益最大？

2. 哪些学生需要更多时间或以不同方式来获得和分享信息？

3. 我们从这些特教老师的教学中学到了什么？比如，时间的运用、提供不同的资源、制定决策的控制、对高级结构的依赖、对程序更清晰地描述、分享学生所学内容的方式，等等。我们可以将我们学到的应用于自己的教学中。

4. 我们从自己班里的特需学生的提问、学习方式、观点或结论中学到了什么？

其他真实性评价

米歇尔所教的二年级特需学生在他们"理解动物"这一学习单元的结尾，做了一张报纸。学生们讲述故事，米歇尔将故事记下来。然后，他们寻找图片来阐明这个故事。

下面就是米歇尔采用的评估准则：

总结性评估准则

1	生物的名称	很好	好	一般	糟糕
2	分类（爬行动物、哺乳动物、两栖动物、鱼类、植物）				
3	生命周期；使用图片或语言				
4	写一篇有关动物的文章				
5	设计简洁				

姓名：_____   日期：_____

课堂之外有哪些方式能够
促进我们的专业发展？

找到正确的需要

几年前，我在纽约州布鲁克林区托马斯·杰斐逊高中教英语时，希望自己的课堂教学有长进，也希望与同事一起分享我的工作。

我的第一次专业成长经历，是我与南希一起驾车从纽约去华盛顿参加的一个研讨会。我在那里待了两天，学习如何创立"学习活动包"，主要是为学生确定清晰的学习目标以及为学生的成功开发多种学习策略。那时通过为学生的学习确定预期目标，通过使用各种方式来达到教学目标，我们努力帮助所有学生成功。我现在意识到，最基本的原则就是我们所有人都是以不同方式和不同步调在学习。这是我们刚刚从特教老师的教学中所观察到的。

这次经历改变了我的教学方式。正如前面所言，我以前教《麦克白》时，曾制订了一个个的教学计划。教完这部戏剧后，我才问自己："我要评价学生学习的哪些方面？我该如何评价？"

通过提前将目标细化，我们就得到一组可观察的目标。我们可以朝着这组目标努力。比如说，我知道学生需要辨别情节的要素，需要分析主人翁的动作和语言，需要解释莎士比亚对符号和隐喻的运用（人生只不过是行走着的影子……）。

在重新安排教学计划后，我制定出很具体的预期目标。我希望把这个新技巧与英语组的朋友一起分享。我见了我们的组长米尔顿·卡茨。在英语组的一次月会上，他留给我一些时间。我与他们分享"学习活动包"的精髓。几年后，我唯一记得的一个回应就是："好像要做更多的工作。"

从短期来看，的确如此。

我从中学到的是，任何新方法都不会与他人产生共鸣，除非它能满足特定的教学需要。我的同事们都乐于按照他们已经习惯了的方式教学。没有人来听我的课。

　　曾经，我在杰斐逊市一所非传统学校工作，进行一项实验，用便携式录像机与学生一起拍他们想拍的任何科目的电影。一些是犯罪片，还有一部纪录片，拍摄我们去长岛和卡茨基尔山探险的过程。那时，我们有一个便携式的相机，一个手提箱大小的便携式摄像机，里面有盘式磁带和一个大电池。我们不得不扛着这些设备上山下山。

　　我再一次将这个技巧与同事们分享。有人说："约翰，你只是对着一群受制的观众在说话。"大家都没有回应，直到一年后，一个老师看见了一些孩子需要用其他方式来表达自己。她提出我们拍电影时邀她同行。后来，她与自己的学生也开始这样做。

回顾与反思

　　通过这些片段，你获得了关于教师运用新教学方法促进专业成长的哪些信息？我从这些经验中学到的一点就是，为了解决课堂中的问题，教师会让自己接触新领域。我所教的托马斯·杰斐逊高中的学生以前经常会感到枯燥，他们排斥我希望他们学习的内容。通过学习新的教学方法，我也许能满足他们的个性化需求。从美国海军退役后，为了拿到纽约市的教师资格证，我学习了研究生课程必修课。在亨特学院的暑期课程里，只有一门教学方法课，我需要极大拓展我的教学技能。

　　在这里，最基本的原则是，有效的学校变革能满足真实的教学需要，能帮助解决已经显现出来的与学生学习有关的问题。许多学校变革的典型特征，就是采用多种问题解决途径去解决我们未识别出来的问题。比如说，为什么合作学习曾经一度如此重要？它要解决的问题是什么？有太多的人在追捧一些问题解决方式。但是，对这些问题本身我们却没有界定清楚。

　　确定教学需要对探究性教学有多么重要？

　　学生参与探究过程能够帮助他们更加主动地参与学习，能够让他们更多地掌控自己的学习进程（不允许成人做出所有决策），能够帮助他们达到生活目标（比如，成为一个钢琴演奏家、作家、NBA 篮球运动员、大学教授等）。想到这些，我们就会满怀激情地鼓励学生提出好的问题，鼓励他们批判地思考，得出合理的结论。

换句话说，探究性教学能够满足课堂学习和今后获取成功的实际需要吗？我认为我们已经找到了一些有助于学生达到学习目标的探究学习方式。（见第2章）

因此，假设你已经确定了一些课堂教学需求，可以了解哪些有效的解决方案？

与同事网上交流

事实上，每本有关成功的书籍都包括如下章节：预想一种新的生活，确定目标，相信自己最后会成功，体验到回报。《心灵鸡汤》的作者之一杰克·坎菲尔在最近一次远程研讨会上用这样一种方式来表达，即"构想、坚信、达成"。也就是说，为自己树立一个愿景，相信自己能达到它，通过辛勤的努力来完成这个愿景以获得回报。没有人会认为这是一个消极的过程。

下面一些就是朝着愿景而努力的方式：

其中一种方式就是就教学的相似态度与人在网上交流。这意味着寻找那些在他们的教室里我们可以学到更多的教师，这样，或许我们就能在我们自己的教室里尝试更多所学。

课堂观摩

在埃德蒙顿，凯莉·费伯利用各种机会观摩他人的课堂，向同事学习。有时候，学区会安排专业发展日。在这段时间里，拥有先进理念和方法的教师与同事们一起分享自己的成功。这是提高教师专业水平，满足教学需要的最好方式之一。对成功学校的研究表明，教师相互观摩是成功学校的主要特征。在不同的环境里，观察教师和学生如何达到类似的教学目标，会让我们大开眼界。

在纽约教书时，我没有花太多时间走进其他老师的课堂，也没有参加过以教学方法为主题的教师会议。但是在蒙特克莱尔大学，通过课堂观摩和研讨教学视频，我有幸向许多同事学习他们在课堂里培养思维能力的做法。我们将研讨成果汇编成一本书，书名叫《打开美国人的心灵》。

我们无须通过这种广泛的过程向同行学习。我将永远记得一个教授是如何让学生从幻想走出来的，一个教授是如何让学生仔细地听讲唯恐自己犯错，一个教授是如何以严密的逻辑组织教学的，还有一个教授如何向学生示范他对弗罗斯特诗歌的好奇。从此以后，我的教学在多方面都得到了提升。

网络交流

其他交流方式包括通过邮件与一群志同道合的人交流。比如说，在新泽西州的一所高中，简·肯科和同事们决定学习如何将加德纳的多元智力理论运用到学生身上，尤其是有注意力障碍的学生（Barell，2003）[218]。围绕这个主题，简和她的同事花了几周时间通过一个邮件系统与他人讨论。这个邮件系统是学区专为教师交流而建立起来的。下面就是一个很生动的例子：

我真的感觉多元智力理论是为有注意力障碍的学生准备的……在最近的一堂课上，身体运动智能在事实记忆中发挥了重要的作用……一个平日里很捣蛋的学生真的能够在动作和事实之间建立起联系。当我让学生回忆这些事实时，他完全能回忆出来。

我认为，这所学校的很多老师可能都有过这种经历。他们通过研讨会从其他教师或咨询顾问那里了解到多元智力理论。

海伦·蒂格是网络沟通方面的专家。她在网上建立起了一个最好的教师资源网 www.oops.bizland.com。她给出了网络交流的其他的一些方式：

1. 注册 Edutopia，Blue Web，ASCD，Teaching Tolerance Website 和 Refdesk.com 等教育网站，获取资源和电子简报。

2. 与另一个州的同年级教师交流。EPals 和 Keypals 都是不错的交流平台。

3. 向一个教育网址提交教学计划，成为一个发表过作品的教育工作者。然后，与这个网站的教育工作者组建一个共享社区。

通过邮件与其他教师交流是一种最有益的经历。本书中的许多故事都是在初次拜访很多学校后通过邮件获得的。

在教师会议上分享最佳实践经验

一天，当我正在与一个学校的课程领导者谈话时，一个教师走进来与我们分享他的二年级学生的作文。这篇长长的文章写的是蜜蜂消失的秘密。最近几个月全球蜜蜂的数量似乎一直持续减少。

所有的蜜蜂都去哪儿了？养蜂人、研究者和农民都在议论。他们想知道为什么上百万的蜜蜂正在消失。蜜蜂消失时没有留下任何线索或尸体。杰里·布诺门申克是一个研究蜜蜂的专家，他说："这些蜜蜂消失了。"（《儿童时代》，2007 年 3 月 16 日）

这个老师（我叫他比尔）非常兴奋，因为前一天他读到上面这则故事，然后就鼓励学生回家后找出蜜蜂正在消失的原因。其中一个学生从网上得到一些信息，然后写下来。当我到他班上去时，另外一个学生告诉我们，她妈妈认为这与全球变暖有关。有一个学生提出另外一个想法，我问他是从哪里知道的，他说："我在 Google 搜索到的。"我问学校是否定期召开最佳实践分享会议。他们告诉我学校时常会有这种会议。

对我来说，这是专业成长的一个关键。我们不仅在午餐时与同事进行交流，相互学习，还要定期召开教师会议。在会议上，我们展示一个或几个教师的实践。如果可能，我们还要去观摩他们的课堂，看看他们的学生正在干什么。

在《有效的学校领导》一书中，马扎诺、沃特森和麦克纳尔蒂（Marzano et al，2005）提出优秀领导团队的几个职责。首要职责就是肯定，即"学校领导在何种程度上能承认学校的成就和失败"。其中一种方式就是"抽出时间在教师会议上分享教师个体和学校的成功和失败"。

很明显，相互交流我们在达到教学目标方面的成功经验，是建成有效学校的一个关键。

（顺便说一下，我的妻子最近听说手机的使用导致蜜蜂消失。我们如何来检验这种说法呢？）

专业考察

校长们有时候会参与一种被称为"专业考察"的专业发展活动。在此期间，他们走访其他学校，在校长的陪同下观察和了解他们所考察的学校。这是一种很好的方式。教师似乎也应该采用这种方式，先在自己学校里，然后再去其他的学校。我们可以找人代课，或者为这种交流工作专门安排1—2个小时。观摩本校或其他学校的课堂，能让我们暂时放下自己的教学套路，去感受不同的教学方式。

有时候，当我在K—六年级课堂里示范探究时，我会惊奇地听到如下评论："我过去从来没有想过让他们上课时离开座位……让他们做游戏……让他们心里没有一个精准模式时就去解决问题……使用书的封面来示范我的好奇心……不把教科书当作主要的资源。"

我们要做的，仅仅是观察其他教师在教授同一教学内容时使用的不同方式，然后问自己："如果我这样教，会怎么样呢？"或者"如果我按照自己的需要对这种方式稍加修改，然后用它来教，会怎么样呢？"

专业考察或同辈指导能够对我们的教学实践产生积极的影响，这是人人皆知的。通过这种活动，教师能更多地获得新的技能和策略，比那些单打独斗的同伴能够更好地运用这些技能和策略（Showers & Joyce，1996）[14]。

惠蒂尔国际小学的梅利莎·安德森·罗西尼和教师们一起开始了这种同伴指导活动。作为国际文凭课程的协调员，她鼓励同伴教师相互观摩。在观察其他教师的课堂时，梅利莎鼓励教师们去观察学生的活动，这就使得教师们克服了先前的不情愿。每个教师都观察同事课堂里的学生活动，从而促进同伴的交流。

参加会议

当然，我们在一个大的聚会里遇到朋友和同事时，彼此都会交流，比如，在学区的教师大会上，或者在区域性会议上。参加会议的一个好处就是大会发言人能够和我们分享好的观点。让人更兴奋的是，我们自己还可以成为发言人，与参会者沟通交流。

有时候，我们并不认为自己的做法与其他人的做法有什么不同。因此，我们认为自己的做法不值得分享。当我们想着与同事分享观点时，我们就成了举止轻浮的人。这比一整天教一群四年级学生更让人头疼。

但是，如果你认为自己所用的教学方法能让学生积极主动地参与学习，能推动他们去探究，并最终达到学习目标，那么你就应该思考如何将自己的经验与他人分享。

领 导 团 队

朗达·波谢尔特是埃德蒙顿乔治·尼克尔森学校的校长。她决定通过让在校教师阅读她认为有启发意义的一本书，来让教师获得专业发展。她邀请老师们自愿担任这项活动的负责人。在几个月里，教师们都阅读这本书，对这本书的每一章节进行讨论。几年前，当我走进这所学校时，看到学校墙上贴满了老师们对所阅读的文本的评论和问题。他们还阅读了拙著《培养一颗更好奇的心》（Barell，2003）。我记得去参观时，他们正在阅读那本书的评价章节。

还有一种更好更安全的与校内同事相互交流的方式。通过这种方式，校长为教师之间的交流提供了良好的环境。但是，并不是所有的校长都会采用这种

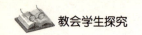

领导方式，也不是所有人都对探究感兴趣。幸运的是，乔治·尼克尔森学校的教师们就有这样一位校长。她经常用"我好奇……"来展示自己的好奇心。

探 究 日 志

乔迪·贝克是明尼苏达州布鲁克林中心长青公园小学的国际文凭课程负责人。参观她的学校是我一生中难忘的一段经历。这不仅仅是因为我在该校许多课堂里示范了探究性教学，还因为我在那里得到了老师们的直接支持。在早晨的一次专业发展研讨会上，乔迪在课前向老师们介绍了我。当我张开嘴说话时，所有人都听出我嗓子哑了，要么是感冒，要么是太紧张。五分钟之内，一位老师就给了我一个星期的止咳药片。我的嗓子也随之好多了。

乔迪与她的同事们最近两年一直都在进行探究日志的活动。她每个月至少与老师们开一次会。在此期间，老师们相互分享他们对什么产生了好奇，从探究过程中学到了什么。很明显，校长吉尔·格里菲思·麦克雷斯在时间、空间和其他资源方面给乔迪提供了支持。

艾琳是长青公园小学的一名四年级教师。下面就是她 2006 年 10 月 26 日的探究日志：

我欣赏遥远地方的人们，这对我来说很容易。远方人们的生活与我的生活完全不一样。他们的观点和看法与我的不一样，这是意料之中的。他们怎么不能？

但是，对我周围的人的观点和看法保持开放，对我而言却是最大的挑战。我可以一整天与一名基地组织人员讨论我们不同的政治观念和宗教观念。但是，我却不能与我的父亲这样交谈。

为什么与父亲分享自己的观点是如此的困难？是什么阻止了我们之间的有效沟通？是一些潜在观念阻碍我们去倾听他们吗？这种沟通失败如何影响到我与学生、同事和父母之间的交流，等等。

紧接着，艾琳说明她如何组织自己的探究日志：

我组织探究日志的方式可以分为三个步骤。首先，我写下自己最近感兴趣或想到的话题。然后，我有目的地将这些琐碎的想法阅读几遍。同时，我会提出一些问题。这些问题一般都反映了我写下的主题。有时候，我的问题很简单，比如，"我在哪里可以找到一个不同的视角来看待 3M 公司对东部地铁地下水的化学污染（双子城地区发生的一个重大事件)？"但是，更多时候我的问题反映了我自己的思考，比如，"为什么我对这个事件或观点感兴趣？""这首诗是如何表达我在语言、朋友关系和师生关系上努力奋斗的？"

> 有时候，我的问题很简单，比如，"我在哪里可以找到一个不同的视角来看待 3M 公司对东部地铁地下水的化学污染（双子城地区发生的一个重大事件）？"

所有读者都会发现，有艾琳这么个好老师是多么幸运的一件事！我可以想象她经常与学生分享自己的好奇心时的情景。

网 络 交 流

佩吉·布曼尼斯是埃德蒙顿的一名二年级教师。她参加了美国自然历史博物馆的一门网络课程的学习（http://learn. amnh. org）。课程主要集中于地质学，学习的内容主要是地球的内部和外部。下面就是佩吉的反思：

我没有很扎实的科学背景。我发现学习这门课程是一个很大的挑战。同时，这门课上的学生专业背景不一样，学历层次也不一样，比如，在我的小组里就有博士生。我决定不中途退出，并最终修完了这门课，我的科学知识也得到了拓展。网络上的交谈非常好，我们彼此了解，就更容易交流了。我的主要交流对象是与我教同一个年级的教师和与我有相同知识背景的人。

因此，对我来说这是一次有价值的学习。我们的在线小组成员来自不同的地方，能够了解他们的教学经验真的很有趣。

佩吉体验到网络课程学习的一个主要好处，即与其他同年级教师交流。她找到参加这门课的其他小学教师，然后共同围绕这个主题进行交流。这是对佩吉坚持参加这门网络课程的奖励。

如何与不愿意改革的校长周旋？

吉尔·莱文是查特诺加市博物馆磁石学校的校长，她是一个很有活力的领导。她的学校是一个探究性学校。在她的学校里，学生参加为期九周的单元学习。每个单元的教学与我在第 1 章里所描述的罗宾·凯西的单元教学很相似。

我知道吉尔如何引导她所在学校的教师们去探究。她保证教师们能有充足的资源，能利用课外知识，有时间一起合作。去年，她想出了一个极好的点子，即记旅行日志。这其实是一个笔记本。学生可以在这个笔记本上记下他们的作业、对某个话题的问题及其发现。她问一些教师这是否是一个好主意。

教师们认为这是一个好主意。经过一段时间，参加试验的教师与他们的同事分享了自己的尝试。学校决定在所有班级都采用旅行日志。如果学生们能保留所有的旅行日志，就可以在每个单元、每一学年和每一学段结束后进行反思。这是多么好的一件事！

我为什么在这里提到吉尔？因为她让我们想起下面将要讨论的一个话题，即"我们如何与没有将探究引入学校的校长周旋？"

再次回到需要的因素

回想一下我们在本章开头谈到的满足真实教学需要的重要性。我们将其作为学校变革成功的必要条件。如果我们旨在解决一个可以观察到的学习问题，我们的做法就更有可能被采纳。因此，如果我们与一位不愿变革的领导共事，可以采取下面的步骤：

1. 确定课堂里真实的学习需要，比如，不同学科的学习、学业考试的成绩、具体概念的掌握、管理学生行为的技能等。

2. 决定要采取什么样的策略，才能让你的课堂由学生被动接受知识到学生积极主动参与提问、探究和分享？

3. 把其中的一些经验与校长分享。

A. 邀请校长到你的课堂，然后与学生们讨论为什么他们会参与进来。

B. 与校长面谈，告诉校长你正在做的事情，拿出一些能反映学生成绩的作品和数据。

4. 请求与其他教师分享其中的一些方法：

A. 在年级组会议上，像克里那样，自愿与同年级教师聚在一起讨论你正在做什么，以及你的做法如何解决与学习有关的不同问题。（实际上，是形成你自己的教学团队）

B. 在教师例会中自愿与所有教师分享你的经验。克里就是一个很好的例子。在她的例子里，一些教师在每次教师例会上都与同事们相互分享最佳实践经验。同事会提出要求观摩他们的课堂，并且在会后进一步与他们讨论。

5. 你可能不想把这种会议叫作"最佳实践会议"。我明白大多数人不想吹嘘自己，把我们的做法说成是"最佳实践"，因为这会让同事产生一些想法。我们可以这样说："这就是我们正在做的。我就是采取这种方式达到了目标。现在，学生们能够越来越积极地进行探究、达成问题解决、培养批判性思维以及反思。"然后，让每个人提问。

6. 依据前面这些过程的成功程度，我们可以继续创造成功的机会。我们还可以让校长做下面这些事：

A. 将有效的方法刊登在学校简报上。

B. 鼓励其他教师让学生将能反映这种方法有效性的作品带回家。

C. 邀请有兴趣的家长与教师交谈。邀请家长观摩课堂。考虑在其他班级使用这种方法。

与同事分享自己的经验，可能会让他们觉得我们很自负。但是，只要将重心放在课堂需要上，我们可以解决这个问题。因为这不会涉及谁的观点更重要，而是关注"我们的方法如何能够真正解决教学中的问题"。我们要将重点放在资料上，就像我们在观察、思考和提问时那样。我们看见了什么？在我们的课堂里什么是可以观察到的？

所有真正的变革都在解决课堂问题。我们开动脑筋寻求确定问题和问题解决框架（Fullan，1991，1993）。很多变革结果都源于个人的偏好、当前的潮流和麦迪逊大道灵活的市场销售策略。成功的变革能够解决当前的问题，而且运用的教学方法也是真正有效的。因此，对于学生学习活动的形成性评价和总结性评价的数据非常重要。

作为一名纽约市的市民，我注意到最近几次教育改革，从学区到整个区域，然后又回到学区。我经常感到好奇："这些变革对师生互动到底产生了多大影响？"

识 别 需 要

另外一个例子发生在新泽西州的河畔小学。我在这所学校工作了两年多。一群教师聚在一起确定教学需要，然后将这些需要与学校董事会分享。他们开发出一系列非正式的需求评估活动，以评估学生们的主要智力活动，比如问题解决能力（他们认为问题解决能力对学生来说非常重要，需要长期培养）。

他们采用一个非常简单的书面评估，这项评估是我的同事欧文·西格尔开发的（Barell，1995）。他在新泽西州普林斯顿的教育考试中心工作。这项评价要求阅读类似的一段材料，比如，"鲍比在生日那天收到了一辆新玩具火车。这辆玩具火车运行了一段时间后就不走了。写一段简要的文字，说明你会对这一情境做出何种反应。"我们主要在三到六年级使用这个评估。

我们发现一些学生只是写道："我会把它交给爸爸，让他去修。"

但是，有少数学生写出了一个复杂的过程，包括确定到底哪里出了问题（轨道、电池、引擎等），然后解决这个问题。据此，经过校长和董事会同意后，我们开发了一个由教师设计的学习项目，以此培养与问题解决、批判性思维和独立思考有关的智力技能。

这就是另外一个采用理性方式开展学校变革的例子。这一过程包括开展需求评估、分析调查结果、得出结论、采取行动。

没有时间、财力和公共支持

但是，倘若我们的困难比前面假想的还要多，又该怎么办呢？倘若与我们共事的领导有其他优先考虑的事务，或者他们的管理方式属于放任自流的风格，我们该怎么办呢？

沟通交流

如果是这种情况，我们应该像克里那样主动与同事分享课堂需求和有价值的方法。

网络交流

我们可以像佩吉那样去学习网络课程或到大学的研究生院修课，以此来拓展学科知识。我在大学里教授这种进修课程很多年了。这些课程大多是为想获得某些资格证书的教师开设的。拿到这些证书后，他们就有机会成为督导或校长。

但是，我们没有必要去学习那种为期六周的全日制课程。我们可以通过一些教育网址获得有用的教学信息，还可以与网站管理者交流。下面就是一些网址：

教学资源网站
一个常用网址就是海伦·蒂格的 www.oops.bizland.com。你可以在这里找到极好的教学方法。

Webquests 采用问题情境来发起基于网络的探究活动（http://www.spa3.k12.sc.us/WebQuests.html）。其中一些探究活动反映了问题情境的本质。

你还可以登录 http:school.discovery.com/schrockguide/museum/webquest.html 找到更多有关探究的信息。

如果你正在考虑使用这个博物馆情境（正如我在许多课堂里使用的那样），那么就不能只让学生找到合适的展览作品，还要让他们解释为什么要选择这些展览作品。这样我们才能知道他们是否理解了这些展览作品的重要性。

Problem-Based Learning Initiative 的主页（http://www.pbli.org）介绍了霍华德·巴罗博士的工作。他是医学教育理念的一个发起者。

你可以在 Illinois Math and Science Academy（http://www.imsa.edu/）找到更多信息。

各种素材网站

美国自然历史博物馆的网站（www.amnh.org）是不错的，里面有科学和博物学的资源。Ology 是美国自然历史博物馆网站中的一个子网站（www.ology.mnh.org），是专门为年轻的探索者设计的。Seminar on Science 是美国自然历史博物馆网站中的另外一个子网站（www.learn.mnh.org）。你还可以在 www.amnh.org/resources 上获得美国自然历史博物馆的所有教育资源。

有关南极探险的网站：http://www.exploratorium.edu/poles/index.html.

有关儿童天文学的网址：http://www.kidsastronomy.com。这个网址对恒星、星系、黑洞等有很多有趣的描述。

NASA 的网站 http://imagine.gsfc.nada.gov/有很多由哈勃望远镜或其他望远镜拍摄的最新图片。

NASA 的尖头式太空望远镜首次从太阳系以外的行星捕获到足够的光，它能够在大气中识别分子。这一里程碑式的成就就是，能够在石质的外行星上发现生命迹象，这是出乎天文学家多年来的预料的。

数量上的优势

最古老的变革策略之一建立在这样一条原则基础之上，即数量上的优势。意思是说：如果一些骨干教师在一段时间里成功地使用了这些策略，他们可能会希望校长在更大范围内推广这些策略。此时，你需要记住你要介绍问题的识别和解决模型：

这就是我们看见的问题——学生的学业成绩和行为……

这就是我们一直在追问的问题……

这些是我们使用的一些问题解决方案……

这些是我们的一些发现……（展示学生的作品）

这就是理性的变革方式，因为它是基于我们在课堂里的直接观察，基于我们对那些兴奋激动的学生的观察。他们能积极提问，主动获取信息，在日常评估中表现很好，在标准化测验中得分也很高。这种变革不是对某种偏好、潮流或书商的兜售手段的顺应，而是基于确凿的课堂事实。

如果它有效，为什么不与他人分享呢？

我知道埃德蒙顿一所学校的校长朗达·波谢尔特采用了这种策略。当市教育委员会要求她解释自己在探究方面所做的工作时，她说："我会让学生来解释。"她确实那样做了。她所在学校的六年级学生直接向教育委员会陈述了探究活动如何运作以及为什么它获得成功。我认为这种做法与教师向校长做出的陈述相似，因为在这两种情况下，我们都是在处理课堂上正在发生的事情。

小　结

在杰克·坎菲尔德的《成功的校长们》一书（Canfield，2005）里，首要的一条原则就是：对你的生活完全负责。

这就意味着我们要掌控自己的生命、决策和生活质量。我们不能指责他人，不能说"我不能这样做"，不能为自己陷入绝境寻找一长串的借口。这就意味着我们不要做沉默的受害者，也不要成为他人诡计的牺牲品。

坎菲尔德和其他研究成功学的人都提到，我们能够做出某种选择以提高生活质量，我们需要承认我们应该为自己的处境负责。我们不仅能掌控目标设置和决策制定，还能控制自己对各种事件的反应。如果有人在停车场不小心撞了我们的汽车，我们可以大声叫嚷，在这件事上花上一天或一周。或者，我们可以采取另外一种方式：填写必要的意外事故报告，修好自己的车，然后去做自己该做的事情。在这一章里我们讨论了掌控职业生活的不同方式。

克里自愿与同事打成一片，与他们分享自己的想法。

凯莉指导新手教师，同时邀请其他教师来到自己的课堂。

新泽西州河畔小学的教师们自己掌握专业发展，不把它拱手让人。

因此，我们也可以用各种方式来改变自己的职业生活。我们所要做的，就是自己决定成长，自己设定目标，每天有目的地去实现它，不屈不挠地朝着它奋斗。听起来很简单吧？事实就是这样。

你还记得米歇尔吧，她发现自己是班上特需学生的制约因素。一旦她意识到这一点，她就改变了自己的观点，意识到"我的学生能完成任何学习任务"。这种不断调整自我的积极态度同样适用于我们的专业发展。

实践机会

1. 我的学校或学区有哪些专业发展机会？

2. 我参加了多少次专业发展培训？

3. 我还有哪些其他方式来促进自己的专业发展？

4. 我如何与同事一起工作，从而对学校或学区的专业发展项目产生积极的影响？

5. 我最近都做了哪些影响私人生活和职业生活的决定？

6. 现在我如何掌控自己的专业发展？哪些方面是成功的，哪些方面是失败的？有哪些是我本应该做却没有做的？（摘自 Canfield，2005）

结　论

探究与发现之旅

这是一段奇妙的探究与发现之旅。最近几年，我很高兴能够与众多教师、课程协调员和校长合作。从加利福尼亚到纽约，我接触了 K 到六年级的学生，有时候是在正规的课堂里，有时候是在音乐、体育、美术教育过程中。同时，我也非常高兴能够与那些特需学生合作。

在所有这些课堂里，我们都示范了探究过程，展示了一些如何鼓励学生提出好问题和寻找答案的方法。在反思这些美妙的经历时，我回想起下面这些时刻：

当我问这些孩子们是否有什么问题时，所有孩子都想知道"你多大了?"，我让他们猜。但是，一个小女孩说："18 岁。"我回答道："好吧，没关系。"

在一节艺术课后，一个学生走过来给我一个拥抱。

一群幼儿园的孩子紧紧地抱在一起，以弄明白为什么帝企鹅在南极隆冬时节也会这样。"是为了保暖"，或者正如其他孩子所说的那样"因为它们很友好"。是的，的确如此。

一群有阅读障碍的学生正在询问鲸的饮食方式。一个小女孩努力尝试着清晰表达出自己的问题。我让她坚持下去，尽管我不知道她要提什么问题。最后，她说自己好奇被鲸吞下的所有鱼是否都在鲸的胃里游来游去。

一个三年级的学生问道："迭戈·里维拉的画是如何改变世界的?"因为这个单元的主题是"历史缔造者"。带着这个问题，我们鼓励学生去思考艺术是如何影响世界的。

一个六年级学生正在学习"文化"这个主题。在这节课上，我以自己的外表形象为例，让学生讨论文化的不同方面。他们注意到我这一身打扮对上于课来说是得体的，但是却不适合去参加街舞聚会，的确如此。

一群四年级学生阅读火山的形成。在此期间，他们把火山爆发的过程与摇一瓶苏打水进行了比较。然后，一个学生说："这比课间休息更有意思。"

我们如何变得更好

在这段旅程的结尾，我收到了莉斯·德布雷的一封邮件。最近几个月，她是我最铁杆的通信者之一。她与我分享自己的学生在学习古代文明和宗教这个单元时的经历。

我注意到，她的学生提问水平有明显的提高。学生们的问题从最初的"这是罗马吗"转变为"人的学历是如何影响就业机会的"。我让她鼓励学生去反思他们如何提高自己的提问能力。他们最初提出的问题都只有简短的答案，属于水平Ⅰ的智力活动，后来提出的问题更具有思考价值，属于水平Ⅱ的智力活动。哪些因素能够解释他们的成长变化？

首先，莉斯问学生："你这一年是否成了一个更好的探究者？"

- 是的。我提出的问题都是我不得不去研究的。
- 是的。我比学年初能够提出更多的问题了。
- 是的。我认为这是因为我变得更聪明了。同时，我在更多地思考真正的难题。
- 是的，因为这学期我们学了一些很有趣的学习单元。
- 是的，因为我在三年级知道的不多，也不去提问。
- 是的，因为我开始提出一些真正难以回答的问题了。
- 是的，对学习单元的思考有利于提出好问题。

我们会注意到，一个学生说他进步了是因为单元学习更有趣了。这可能是因为教师鼓励学生参与课堂，鼓励学生去观察、思考和提问。同时，学生的问题也成为课堂的一部分。学生们都被期望去"研究自己好奇的东西，提出能够促使他们去探究的好问题"。

我们也会注意到，一个学生说她"开始提出一些真正难以回答的问题了"。这就意味着莉斯做得非常好。她帮助学生们从提出"这是罗马吗"变为提出"人的学历是如何影响就业机会的"。学生的智力活动水平从"智力活动三水平图"中的水平Ⅰ提升到水平Ⅱ。学生从满足于在书本中寻找答案转变为主动探

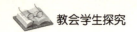
求当前与未来、学校学习与未来回报之间的关系。这样，学生的思维水平就由皮亚杰所说的具体运算转到形式运算。学生在小学低年级多处于具体运算阶段，而在高年级则更趋于形式运算。

哪些因素能够解释你们的提升？

接着，莉斯提出了另外一个问题："什么能促使你们提出更多有价值的问题？"

下面就是学生的一些回答：

- 在家里问妈妈问题，保持好奇心。
- 寻找自己喜欢却又不了解的东西，这会使我保持好奇。
- 我对这些主题很感兴趣而且想了解它们。
- 我了解有关宗教的更多知识，这使我能对宗教提出更好的问题。
- 我努力思考，学了很多知识。
- 我过去提出了很多问题，这能够帮助我应对当前的问题。
- 我一直不断提问，然后自然就想到了深刻的问题。
- 课堂上集中注意力。
- 我真的想得到有关宗教的更多答案，因此提出更多的问题。
- 听其他人的问题，让我产生更多的问题。

为什么学生能更擅长提出好的问题呢？我们从学生那里得到了一些新理由，比如，对主题感兴趣或在课堂上集中注意力。

莉斯的学生还提到一点，就是坚持提问能帮助他们更多地提出好问题——"我一直不断提问，然后自然就想到了深刻的问题。"当成人花时间在一个小团体里观察、思考和提问时，上面这种情况就会真的发生。首先，他们观察一件来自中美洲的人工制品（一个外表刻有几何图案的罐子）。然后，当他们相互倾听时，他们又注意到这件物品的其他方面，进而提出更多的问题。合作学习在这里一定能取得成功。研究表明，"不管小组之间是否有竞争，将学生组成一个合作学习小组，对学生会产生很大的影响。"（Marzano et al，2001）[87]

我们还发现，学得越多，提问能力也就随之提高。我们收集到的信息越多，提问的机会就越多，问题也会变得越好。这是最重要的。但是，我们不能假设当学生收集更多信息后，就能自然而然地对这些信息产生好奇。我们一定要在日常生活中为他们提供机会，让他们分享对自己正在学习或思考的东西的好奇。

"找出有趣的东西，弄明白为什么某种东西成为现在这个样子。"我喜欢这个回答，因为这个学生谈论的是寻找原因，这是一个很重要的批判性思维过程。他的回答可能涉及我们在第 6 章中所说的问题组织图（图 6.1）。在这幅图中，原因是很重要的一个探究维度。当我们在观察和思考人类处境和自然现象（比如蜜蜂的消失）时，这一维度尤其适用。

莉斯的学生没有指出的一个事实是，莉斯花了很多时间让他们意识到自己提出问题所属的类别。他们注意到了"这是罗马吗"和"人的学历是如何影响就业机会的"这两个问题之间的区别。

莉斯也采用了她的学生对于宗教的初步结论，然后通过提供与内容本身相关的框架，帮助学生更深入地学习。学生们做得更好了，因为莉斯拒绝把他们初步的结论当作最终的结论。她帮助学生更深入地学习，因此也给学生提供了拓展思维的机会，从而超越直接、具体、直观的思维水平。为此，莉斯不得不花时间向学生们示范如何从比较和对比中得出结论。直到我们从比较中得出一个结论，才完成这一过程。

教师对好奇和探究的反思

我对这段旅程的最后一个问题是：它如何影响那些在课堂里培养学生好奇心的教师？立足我们正在做的事情，每日或每周进行反思，这很重要。我们可以反思自己如何取得成功，如何犯错，以及如何从跌倒中爬起。

下面就是四年级老师凯莉·费伯的反思：

我发现我参与得越多，就越发意识到我在提问和寻找答案的过程中学到的越多……我还发现自己对学习更感兴趣了。我不需要为学生规划，也不需要知道所有事情，因为学生对学习内容和学习方式有一定责任。反过来，学生们也就越有激情。

> 我发现我参与得越多，就越发意识到我在提问和寻找答案的过程中学到的越多……我还发现自己对学习更感兴趣了。

二年级老师克里·古兹曼写道：

我喜欢探究性教学。我感觉它让教学变得更有趣了！学生们都参与到学习过程中，对学习也很有兴趣。尽管我运用的是教师主导型探究，但是仍然感觉我们的学习永无止境。同时，我在教学过程中也学到了新东西。我还感觉到，当我使用探究性教学时，不仅教给学生各个领域的知识，还教会他们如何成为一个独立自信的终生学习者。

当克里问她的学生为什么喜欢在课堂里提问，学生们给出了许多回答。克里将他们的回答概括如下：

这种学习不枯燥。

他们回到家后会与父母更多地交流课堂里发生的事情。

他们希望制作东西，然后把它带到课堂来分享。

他们将现在正在学习的知识与过去已经学习的知识建立起联系。然后，运用这个知识进一步学习。

探究促使他们思考下一步要干什么。

下面就是克里二年级学生的观点：

提问能让你开动脑筋。

提问使你变得更博学。它能帮助你确定目标。

提问和回答问题很有趣。

始终贯穿这些评论的，是对学习的喜爱，是采取某种措施掌控自己学习的喜悦。克里谈到了"教师主导型探究"。尽管在这种情况下，教师掌控着更多决策权，但是一旦我们鼓励学生去提问，我们就有机会分享学习目标和结果。

学生们也意识到提问能促进学习。这让我想起幼儿园教师黛拉（第1章）。当我问："为什么你认为课堂提问很重要？"她回答说："提问是学习的一部分。"

学生们也注意到探究能促进新旧知识之间的联系。虽然这是克里的概括，但是在她的科学课和社会课上，学生们能将正在学习的内容与已经学习过的知识和话题联系起来，这是因为我们的大脑会自然地寻找联系。如果我们给学生更多的时间、机会、鼓励和支持，他们就会花更多时间将现在正学习的内容与已经学到的知识建立起联系。这就是我们面临的一个挑战，即为学生提供回答问题的经验，比如，"你如何能将正在学习的内容与已经学习的内容建立联系？你如何能将它与生活中发生的事情联系起来？"

安娜·霍奇的三个学生分享了他们对探究意义的反思：

探究就是通过提问使你获得一个点子。比如说，如果你想知道某个东西的答案，那么就要通过提问获得一个点子，然后继续追问。探究能给你提供合理的答案。你可以使用它来指导生活中的每一步。——五年级的卡特丝。

探究能使你一生向自己和他人学习。因此，它会影响你。——五年级的博比。

探究是人们寻找复杂问题的答案的方式。探究是解决问题的一种方式。它通过一系列的步骤得到问题的答案。这些步骤慢慢地将你引入研究，让你对所有的资料进行汇编，并最终得出答案。它会指导着你的生活，促使你建立更广泛的联系，提出更多的问题。——五年级的洛根。

探究是人们寻找复杂问题的答案的方式。——五年级的洛根。

我很喜欢这些评论，因为它们强调了以下几点：通过提问来解决复杂问题；需要坚持不懈；现有问题如何产生更多的问题；如何帮助你在观点与观点之间建立起联系；这是一个贯穿一生的过程。

我不知道探究的长远好处究竟是这些学生自己意识到的，还是老师直接教给他们的。我敢打赌，如果他们从幼儿园就开始参与探究性课程，那么他们自己就能够指出探究的好处。

最 后 点 评

行星科学家卡洛琳·波尔科（Porco，2006）的观点放在这里很合适：

每种科学探究的本质都是一种深刻的心灵探索。通过对自然奥秘的理解，我们感受到自己与自然的联系，感受到自己是一个更大整体的一部分。

本书描述了一些学生的好奇。他们的好奇开启了探究与发现的长途旅行。这些探究旅程的一个好处，就是我们与周围的人建立了更多的联系，与先辈们建立起了联系，与我们生活的世界建立了联系。

探究会引起新的发现，也会促使我们去理解自己是谁，身在何处，要去哪里。

探究会促进我们生活中的更多可能性。

在伊丽莎白·霍尔国际小学我听到这里的一些孩子长大想成为钢琴演奏家、运动员、学者、医生和教师。如果他们的老师、父母和学校管理者继续培养他们的好奇心，他们有可能成为像卡洛琳·波尔科那样的行星科学家。

但是，仅靠成人的支持是不够的。让学生成为你预想的人，需要他们做出积极的回应，对自己的学习负责，就好像凯莉·费伯每天在她班上所做的那样。他们必须参与决策过程。这对他们的学习、个人生活和未来职业生活都有好处。

因此，霍华德的问题"为什么必须要有山脉"，可能会让他朝着成为行星地质学家的目标而努力。安吉里卡的问题"鱼的生命是如何开始的"，可能会使她在将来成为一个海洋生物学家或诗人。不管他们的目标是什么，他们的生活以及其他同学的生活都会变得充实，因为老师和父母都在培养他们的探究精神。他们长大后都可能像伟大的尤利西斯一样，在登上探究与发现之旅时向他的同伴召唤：

来呀，朋友们，探寻更新的世界。

现在尚为时不晚。开船吧！

坐成排，划破这喧哗的海浪，

我决心驶向日落的彼方，

超越西方星斗的沐浴，

至死方休……

奋斗、探索、发现，绝不屈服。

我们的船只在等待。让我们扬帆起航，紧紧把握住方向，朝着伟大的目标航行，用美妙绝伦的探究旅程来丰富我们的生活。

参 考 文 献

Algozzine, R. & Ysseldyke, J. (2006). *Teaching students with special needs— A practical guide for every teacher.* Thousand Oaks, CA: Corwin Press.

Amaral, O. M., Garrison, L., & Klentschy, M. (2002). Helping English learners increase achievement through inquiry-based science instruction. *Bilingual Research Journal* 26 (2), 213–239.

Bareli, J. (1988). *Opening the American mind—Reflections upon teaching thinking in higher education.* Upper Montclair, NJ: Montclair State College.

Bareli, J. (1995). *Teaching for thoughtfulness—Classroom strategies to enhance intellectual development* (2nd ed). New York: Longman.

Bareli, J. (2003). *Developing more curious minds.* Alexandria, VA: Association for Supervision and Curriculum Development.

Bareli, J. (2007a). *Problem-based learning—An inquiry approach.* Thousand Oaks, CA: Corwin Press.

Bareli, J. (2007b). *Quest for Antarctica—A journey of wonder and discovery.* iUniverse.

Bareli, J. (2007c). *Surviving Erebus—An Antarctic adventure.* New York: Royal Fireworks Press.

Bourgeois, P. (1986). *Franklin in the dark.* New York: Scholastic.

Bransford, J., Brown, A., & Cocking, R. (Eds). (2000). *How people learn— Brain, mind, experience, and school.* Washington, DC: National Academy Press.

Campbell, S. (2007, January). Nathan's Pet Snails. *Highlights for Children*, 62 (1), 12–13.

Canfield, J. (2005). *The success principles—How to get from where you are to where you want to be.* New York: Collins.

Copple, C. Sigel, I., & Saunders, R. (1984). *Educating the young thinker: Classroom strategies for cognitive growth.* Hillsdale, NJ: Lawrence Erlbaum Associates.

Cowcher, H. (1990). *Antarctica.* Boston: Houghton Mifflin.

Crane, S. (1955). *Stephen Crane—Stories and tales* (R. W. Stallman, Ed). New York: Vintage Books.

Dewey, J. (1910). *How we think.* Boston: DC Heath.

Ellis, E. (1993, June/July). Integrative strategy instruction: A potential model for teaching content area subjects to adolescents with learning disabilities. *Journal of Learning Disabilities*, 26 (6), 358–382.

Fullan, M. (1993). *Leading in a culture of change.* San Francisco: Jossey- Bass.

Ghiselin, B. (1955). *The creative process.* New York: New American Library.

Gleick, J. (1992). *Genius—The life and science of Richard Feynman.* New York: Pantheon Books.

Heath, C., & Heath D. (2007). *Made to stick —Why some ideas survive and others die.* New York: Random House.

Hill, J. D., & Flynn, K. M. (2006). *Classroom instruction that works with English language learners.* Alexandria, VA: Association for Supervision and Curriculum Development.

Johnson, R. (1975). Meaning in complex learning. *Review of Educational Research*, 45, 425–460.

Kashdan, T., Rose, P., & Fincham, F. D. (2004). Curiosity and exploration—Facilitating positive subjective experiences and personal growth opportunities. *Journal of Personality Assessment*, 82 (3), 291–305.

Kohl, H. (1988/1968). *36 children.* New York: Plume. (Original work published in 1968).

Kreitner, R., & Kinicki, A. (2001). *Organizational behavior* (5th ed). New York: Irwin.

Lambert, C. (2007, January/February). The science of happiness. *Harvard Magazine*, 209 (3), 26–30, 94.

Langer, E. J. (1989). *Mindfulness.* Reading, MA: Addison-Wesley.

Levine, J. (2007). The unorthodox behaviorist. *TC Today —The Magazine of Teachers College, Columbia University*, 31, 2.

Lindfors, J. W. (1999). *Children's inquiry —Using language to make sense of the world.* New York: Teachers College Press.

Lipman, M. (1988) Critical thinking: What it can be. *Cogitare*, 2 (4), 1–2.

Lipman, M. (1990). *Harry Stottfemeier's discovery.* Upper Montclair, NJ: Institute for the Advancement of Philosophy for Children.

Marzano, R. (2003). *What works in schools—Translating research into action.* Alexandria, VA: Association for Supervision and Curriculum Development.

Marzano, R., Pickering, D., & Pollock, J. (2001). *Classroom instruction that works—Research-based strategies for increasing student achievement.* Alexandria, VA: Association for Supervision and Curriculum Development.

Marzano, R., Waters, T., & McNulty B. (2005). *School leadership that works—From research to results.* Alexandria, VA: Association for Supervision and Curriculum Development.

Mayer, R. (1989). Models for understanding. *Review of Educational Research*, 59 (1), 43–64.

McCombs, B. (1991, April). *Metacognition and motivation for higher level thinking.* Paper presented at the annual meeting of the American Educational Research Association, Chicago.

McPeck, J. (1981). *Critical thinking and education.* Oxford, England: Martin Robinson.

The National Research Council.(2000). *Inquiry and the national science education standards—A guide for teaching and learning* (pp. 125–126). Washington, DC: National Academy Press.

Novak, J. D. (1998). *Learning, creating and using knowledge—Concept maps as facilitative tools in schools and corporations*. Mahwah, NJ: L. Erlbaum Associates.

Parker, J. (1969) *Process as content*. New York: Rand McNally.

Porco, C. (2006). *What is your dangerous idea?* Retrieved January 1, 2007, from www. edge. org.

Redfield, D. L., & Rousseau, E. W. (1981). A meta-analysis of experimental research on teacher questioning behavior. *Review of Educational Research*, 51 (2), 237-245.

Schibsted, E. (2005, October). Way beyond fuddy-duddy—Good things happen when the library is the place kids want to be. *Edutopia*, 1, 7.

Sheff, D. (1988, January 19). Letters to the editor. *The New York Times*, p. A26.

Shelly, P. B. (1821). *A defense of poetry*. Retrieved March, 2007, from http://www. bartleby. eom/ 27/23. html

Showers, J., & Joyce, B. (1996). *The evolution of peer coaching. Educational Leadership*, 53 (6), 12-16.

Sigel, I. (with Copple, C., & Saunders, R.). (1984). *Educating the young thinker—Classroom strategies For cognitive growth*. Hillsdale, NJ: Lawrence Earlbaum Associates.

Sullo, B. (2007). *Activating the desire to learn*. Alexandria, VA: Association for Supervision and Curriculum Development.

Sutton-Smith, B. (1998). *The ambiguity of play*. Cambridge, MA: Harvard University Press.

Ward, P., & Brownlee, D.(2000). *Rare earth—Why complex life is uncommon in the universe. New York*: Copernicus.

Welch, J. (with Byrne, J. A.). (2001). *Jack—Straight from the gut*. New York: Warner Books.

Whitin, P., & Whitin, D. (1997). *Inquiry at the window—Pursuing the wonders of learners*. Portsmouth, NH: Heinemann.

Wiggins, G. (1998). *Educative assessment: Designing assessments to inform and improve student performance*. San Francisco: Jossey-Bass.

Ysseldyke, J., & Algozzine, B. (2006). *Teaching students with learning disabilities—A practical guide for teachers*. Thousand Oaks, CA: Corwin Press.

致 谢

通过对学生在学校中变化的观察，《变革的力量：透视教育改革》一书的作者迈克尔·富兰指出，未来的教师无论是个体，还是群体，都必须具备不断探究、不断学习的习惯和技能。在这本书的一开头，他还引用了帕斯卡尔的名言——"探究是生命活力的发动机，是自我更新的推进器。"

当然，所有参与本研究项目的教师都有强烈的好奇心，乐于探究，善于有目的地研究自身的教学。他们是富兰笔下所倡导的教师，也是未来的教育领导者。能够与他们一起工作，我感到很高兴。

在阅读本书时，你会看到一连串教师的名字。他们是黛拉·雷默、杰西·麦基、罗宾·凯西、海蒂·尼斯尔、玛德琳·科隆、朱迪·弗罗曼、莉斯·德布雷、克里·古兹曼、维多利亚·保罗、凯莉·费伯、劳拉·卡斯金斯、玛格丽特·纳特斯、米歇尔·托姆克、谢尔扎达·阿科斯塔、艾琳·克里、佩吉·布曼尼斯、金姆·诺丁以及我近两年所参观过的那些课堂中的教师。我要感谢他们对本书的贡献。

我还要感谢克里斯蒂·博斯塔德、尼克尔·伦斯、乔迪·贝克、梅利莎·安德森·罗西尼、安娜·霍奇等几位国际文凭小学项目协调员。他们邀请我到他们的学校展示、研讨及开发探究性课程学习单元。没有他们，这本书是无法完成的。安·莫克、玛丽·迪斯、旺达·萨顿等国际文凭小学项目协调员也为本项目提供了支持。

倘若上面所提到的这些优秀的教育工作者都集中在一所或两所学校工作的话，那么很幸运的是，我得到了吉尔·莱文和朗达·波谢尔特这两位杰出的校长的关心和帮助，这两位校长一直致力于在自己的学校里营造探究的氛围。通过搭建新的学校组织架构，吉尔和朗达为教师提供了相互学习的机会，并采用不同方式为培养教师的好奇心、探究能力和研究能力提供了实践的机会。他们十分慷慨，为本项目提供了许多宝贵的意见。

如果没有上面这些教育工作者，本书是难以完成的。他们心胸开阔，乐于分享自己在创建安全的发问环境方面的洞见与领导力。在他们所营造的环境下，学生们才会无拘无束地问："蝴蝶会走路吗？"我要把最深的谢意送给他们。

我还要感谢这些学生们，他们冒着风险分享他们的疑惑、推测和想法。

这些了不起的教育工作者与领导让我受益匪浅。

我的妻子南希给了我关爱和支持，为我这个时而会感到疲倦的旅行者提供了一个温暖的家。她总是在家里等着我，这让我感到很开心。

最后，我特别感谢柯文出版社的哈德森·皮瑞格对我一如既往的支持。为了能让教育工作者们读到我这本书，她做了许多工作。

此外，柯文出版社还要向本书的同行评审专家们表示感谢。他们是爱荷华州 2001 年全国杰出校长史蒂芬·夏佩德、哥伦布公立学校的罗伯特·罗塞、俄克拉荷马州中东大学研究生阅读项目和小学教育主任丽贝卡·康普顿教授、威斯康星州北国松学区的亚丽克西斯·路德维格、阿拉斯加州安克雷奇学区的阿琳·桑德伯格、路易斯安那州曼德维尔市庞恰特雷恩小学的丹尼诗·赫尔南德斯、田纳西州孟菲斯市城市学校的中学学业协调员格雷格·基斯、密苏里州哥伦比亚公立学校格兰特小学的盖尔·安德伍德。

出 版 人　所广一
策划编辑　谭文明
责任编辑　欧阳国焰　谭文明
版式设计　孙欢欢
责任校对　张 珍　金 霞
责任印制　叶小峰

图书在版编目（CIP）数据

教会学生探究/（美）巴雷尔著；姚相全译．—北
京：教育科学出版社，2016.4（2017.12月重印）
（初任教师·教学基本功）
书名原文：Why Are School Buses Always Yellow?
ISBN 978−7−5191−0296−8

Ⅰ.①教…　Ⅱ.①巴…　②姚…　Ⅲ.①课堂教学—教
学研究−中小学　Ⅳ.①G632.421

中国版本图书馆 CIP 数据核字（2016）第 017053 号
北京市版权局著作权合同登记章　图字：01−2013−3320 号

初任教师·教学基本功

教会学生探究

JIAOHUI XUESHENG TANJIU

出版发行	**教育科学出版社**				
社　　址	北京·朝阳区安慧北里安园甲 9 号	**市场部电话**	010−64989009		
邮　　编	100101	**编辑部电话**	010−64989527		
传　　真	010−64891796	网　　址	http://www.esph.com.cn		
经　　销	各地新华书店				
制　　作	北京金奥都图文制作中心				
印　　刷	保定市中画美凯印刷有限公司				
开　　本	169 毫米×239 毫米　16 开	版　　次	2016 年 4 月第 1 版		
印　　张	11	印　　次	2017 年 12 月第 2 次印刷		
字　　数	176 千	定　　价	35.00 元		

如有印装质量问题，请到所购图书销售部门联系调换。

Original English Title:

Why Are School Buses Always Yellow? Teaching for Inquiry, Prek−5

By John Barell

English language edition published by Corwin Press, A SAGE Publications Company of Thousand Oaks, London, New Delhi, Singapore and Washington D. C.,© [2008] by Corwin Press.